大数据时代的工具书资源及知识产权保护

陈启梅　张冬荣　魏伟珍　主编

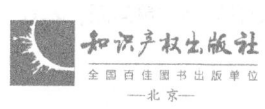

图书在版编目（CIP）数据

大数据时代的工具书资源及知识产权保护/陈启梅，张冬荣，魏伟珍主编．—北京：知识产权出版社，2023.8

ISBN 978-7-5130-8838-1

Ⅰ. ①大⋯　Ⅱ. ①陈⋯　②张⋯　③魏⋯　Ⅲ. ①工具书—数据保护—知识产权保护　Ⅳ. ① G254.97 ② D913.4

中国国家版本馆 CIP 数据核字（2023）第 137785 号

内容提要

本书基于综合性、字典词典类、百科全书类、年鉴类、手册类、名录类这六个类别对国内外重要网络工具书进行了列举和介绍，对服务提供商、资源规模及类型、主要功能及特色、获取方式及付费等方面进行详细分析，阐述国内外典型网络工具书的发展历程。通过介绍国内外数字资源保护政策，规范网络工具书使用行为和科研信息利用行为。

本书供各领域科研人员、数字资源长期保存和数据安全保护人员使用。

责任编辑：尹　娟　　　　　　　　　　　责任印制：孙婷婷

大数据时代的工具书资源及知识产权保护
DASHUJU SHIDAI DE GONGJUSHU ZIYUAN JI ZHISHICHANQUAN BAOHU

陈启梅　张冬荣　魏伟珍　主编

出版发行	知识产权出版社 有限责任公司	网　　址	http://www.ipph.cn	
电　　话	010-82004826		http://www.laichushu.com	
社　　址	北京市海淀区气象路 50 号院	邮　　编	100081	
责编电话	010-82000860 转 8702	责编邮箱	yinjuan@cnipr.com	
发行电话	010-82000860 转 8101	发行传真	010-82000893	
印　　刷	北京中献拓方科技发展有限公司	经　　销	新华书店、各大网上书店及相关专业书店	
开　　本	720mm×1000mm　1/16	印　　张	13	
版　　次	2023 年 8 月第 1 版	印　　次	2023 年 8 月第 1 次印刷	
字　　数	192 千字	定　　价	68.00 元	

ISBN 978-7-5130-8838-1

出版权专有　侵权必究

如有印装质量问题，本社负责调换。

目录
CONTENTS

1 引言 ·· 001

2 工具书资源的基本类型、布局和发展趋势 ······················· 003

  2.1 工具书资源的基本类型和特点 ··· 003

  2.2 工具书资源的布局和发展趋势 ··· 004

    2.2.1 工具书的数字化转型历程 ··· 005

    2.2.2 工具书的产品形态特征 ··· 006

    2.2.3 工具书的发展方向 ··· 010

    2.2.4 我国工具书产品的发展趋势 ··· 010

  2.3 主要参考性工具书资源 ··· 011

    2.3.1 综合性工具书资源 ··· 011

    2.3.2 字典词典类工具书资源 ··· 023

    2.3.3 百科全书类工具书资源 ··· 036

    2.3.4 年鉴类工具书资源 ··· 057

    2.3.5 手册类工具书资源 ··· 073

    2.3.6 名录类工具书资源 ··· 097

3 工具书资源的形态变化和可持续获取性评价 ··················· 105

  3.1 网络化、数字化条件下工具书资源的形态 ···································· 105

    3.1.1 传统出版向网络出版转型 ··· 105

    3.1.2 传统工具书向融媒工具书方向发展 ··· 108

3.1.3 专题数据库的市场化和多元化发展 ················· 109
3.1.4 以需求为导向精准开发产品形态 ·················· 111
3.2 网络化、数字化条件下工具书资源的销售、使用及服务方式··· 113
3.2.1 专业学协会、国际组织公共服务平台 ················ 113
3.2.2 词典 App 付费运作模式 ························· 114
3.2.3 付费网络百科全书的 SoLoMo 模式 ················· 116
3.2.4 开放网络百科全书的 Wiki 模式 ··················· 116
3.2.5 商业数据库订购模式 ·························· 117
3.3 工具书资源的可持续获取性评价 ····················· 118

4 工具书资源的权属管理和第三方保存机制 ················ 122

4.1 工具书的版权问题 ······························ 122
4.2 工具书的使用权限 ······························ 123
4.3 国内机构引进工具书资源的存档机制 ·················· 124
4.4 非开放型工具书保存现状——以《不列颠百科全书》为例 ····· 125
4.4.1 《不列颠百科全书》的权属管理 ··················· 125
4.4.2 《不列颠百科全书》的长期保存现状 ················ 127
4.5 开放互动型工具书保存现状——以维基百科为例 ··········· 127
4.5.1 维基百科的权属管理 ·························· 127
4.5.2 维基百科的长期保存现状 ······················· 128
4.6 我国对工具书资源长期保存面临的挑战和风险 ············· 129

5 工具书资源的数据保护 ·························· 131

5.1 国外数据保护政策法规 ·························· 133
5.2 国内数据保护政策法规 ·························· 154
5.3 中外数据保护策略分析 ·························· 162
5.3.1 欧盟数字资源保护的法律演变进程及特征 ············· 162
5.3.2 美国数字资源保护的法律演变进程及特征 ············· 173

5.3.3 中国数字资源保护的法律演变进程及特征 ……………… 184

**附录 建议进行长期保存的工具书资源候选列表
（按优先级排序）**……………………………………… 188

1 引　言

工具书服务于科学研究和学习的查检和查考需求，对于丰富文献资料类型、提升研究准确性、推进文化积累传递等有着重要价值。随着信息技术和网络技术的发展，数字学术和数据科学已成为科研活动的主要形式，学术交流、创作方式、成果传播等科研全流程的数字化，要求工具书完成内容、结构、服务等全面的数字变革。同时，这也推动着科研人员改变行为习惯和提升数字素养，并对工具书的管理及保护、数字资源的安全和长期保存提出了新要求。

目前，数字资源已经取代印刷版资源成为学术研究的首要基础设施，具有资源丰富、更新快速、获取简易、检索便捷等新型特征。工具书通过电子化、网络化、数据库化和集成化这四个主要阶段，完成了向数字化工具书的转型，其形态也经历了磁带、软盘、光盘、网站、数据库、知识服务平台等多种类型。由于信息技术的飞速发展，科学教育的普遍重视，以及用户创作和协同创作形式的出现，国内外网络工具书数量众多且层出不穷，根据工具书基本性质和使用功能、学科领域和主题、资源来源及生产方式、访问方式和付费标准等维度可进行多种分类。为了辅助科研人员找寻特定领域或功能的网络工具书，引导科研人员快速熟悉和使用网络工具书的服务和产品，本书基于综合类、字典词典类、百科全书类、年鉴类、手册类、名录类这六个类别对国内外重要网络工具书进行了列举和介绍，对服务提供商、资源规模及类型、主要功能及特色、获取方式及付费等方面进行了详细分析，实现了对国内外典型网络工具书发展的整体把握。

本书立足于国内外网络工具书的内容和服务,围绕网络工具书的内容生产、出版模式、版权归属、访问条件等数字化特征,对国内外网络工具书进行分类和整理,让读者能够熟悉网络工具书使用方式和服务功能,提升特定学科研究人员的科研效率,丰富科研参考类型及激发科研创新点;并且使读者在了解国内外数字资源保护政策的基础上,规范网络工具书使用行为和科研信息利用行为。

本书基于对国内外网络工具书的整体概述和具体探究,为网络工具书资源长期保存提供了工具书资源候选列表;并结合当前国内外数据安全和数据保护的法律政策和战略理念,为数字资源长期保存提出了新的关注问题和思考方向。对图书情报领域研究人员、知识产权专员和数据保护政策制定者来说,本书对国内外数据安全法律政策的列举、梳理和分析能够起到很好的参考作用,有助于推动学术界和政策界等加强对网络工具书的自主开发、对境外知识服务的交易获取、境内信息数据安全保护的关注。

工具书资源对科研、教育和文化发展至关重要,但由于订购或服务形式变化、版权纠纷、网络稳定性和服务器安全、资源提供商公司运营等潜在因素,使得我国对这类资源的"可用性"和"可持续性"存在风险,怎样长期保存与访问这些工具书资源的问题应运而生。因此,本书聚焦工具书资源发展和使用的情况、长期保存现状与面临的挑战、数据保护等内容,以期为我国对该类资源的长期保存与数据保护提供参考。

相信本书的出版将有利于推动网络工具书资源体系构建和国家数字安全战略保护的和谐发展,有助于提升我国对传统纸质资源数字化、新型数字资源管理利用、知识挖掘和价值提升等方向的关注,也为多学科科研人员、数字资源长期保存和数据安全保护领域的人员提供有益的借鉴和参考。

2

工具书资源的基本类型、布局和发展趋势

2.1 工具书资源的基本类型和特点

根据《现代汉语大词典》的注解,所谓工具书,是指"把某一门类或各种门类的知识资料,按一定的编排方式汇集在一起,专供人们查阅、征引,以解决各种具体问题的一种特定类型的图书,如字典、词典、类书、索引、历史年表、年鉴、百科全书等"❶。

工具书是一种在学习和工作中可以作为工具使用的特定类型的书籍,专供查考资料,以解决工作或学习过程中所遇到的某些疑难问题。这些书籍经过汇集、编著或译述,把相关领域的问题与其有关的知识资料按特定的编排方法汇集在一起,形成特定的编排和检索方式,从而可以让读者于短时间内查出答案,是解决问题的有力工具。工具书通常具有查考性、概括性、检索性特点。❷

---

❶ 阮智富,郭忠新. 现代汉语大词典:上 [M]. 上海:上海辞书出版社,2009:697.
❷ MBA 智库百科. 工具书 [EB/OL].(2016-11-30)[2022-05-15]. https://wiki.mbalib.com/wiki/%E5%B7%A5%E5%85%B7%E4%B9%A6.

①查考性：工具书拥有多方面的、大量的资料，专供查考使用。当人们遇到疑难问题时，只需根据查考的对象和目的阅读其中相关部分的内容，无须从头至尾地看完整本书籍。

②概括性：普通图书是构成工具书的原始材料，工具书则是对普通图书进行选材和重新组织的加工品，因此工具书具有高度概括性。

③检索性：工具书主要用于参考，因此编排上要利于检索，争取一查即得。其内容可按照体例、拼音、部首或类别等方法进行编排，形式灵活、不拘一格，但都以使检索快捷省力为基准。

工具书历史悠久，是伴随科学、文化、教育事业的进步而产生和发展起来的，是人们学习和研究不可缺少的助手。根据工具书的基本性质和使用功能，可以划分为检索性工具书和参考性工具书两类。检索性工具书主要是各类书目、文摘、索引等，已由各类搜索引擎和出版商数据库检索功能取代，不在本书的研究范围内。参考性工具书可分为字典词典、百科全书、年鉴、手册、名录等。《牛津英语词典（第三版）》对参考性工具书"reference book"的定义为"A book intended to be consulted for informationon specific matters"，即专于汇集、提供某一方面知识或相关信息的书。参考性工具书因其内容来源具有权威性、知识提炼度高、编排便于检索等特点，成为人们获得信息的有效途径。

2.2　工具书资源的布局和发展趋势

网络时代的来临带来了社会领域内的一系列变革与创新，工具书的发展进程也受到了网络信息技术的冲击和影响。与以前人们习惯于查阅词典、手册相比，在网络信息化条件下，人们遇到问题更倾向于利用计算机、手机进行搜索，纸质工具书的利用率日趋下降。工具书的数字化、信息化、网络化和智能化发展，是不可阻挡的历史潮流。

2.2.1 工具书的数字化转型历程

随着数字技术的迅速发展和不断渗透，科研范式的数字化转型成为大势，科学研究逐渐呈现出研究对象数据化、研究假设数据驱动、研究数据关联共享、研究过程开放协作等特征。科研生产周期的各个环节都进入数字化和网络化，海量数据资源丰富了研究基础，智能分析技术提供新的研究手段，研究结论呈现可视化，研究成果能够在线出版和共享。同时伴随公民科学的不断发展，学术交流模式和学者研究习惯也发生巨大改变，基于网络环境和信息技术的多类型信息存储管理、收集获取、组织利用成为常态，这就要求工具书出版实现内容、结构、形态等全方面的数字变革。

传统工具书的固态特征已不能适应数字学术研究过程，工具书出版的数字化转型，是时代发展的必然要求。工具书的数字化转型经历了四个阶段。❶

第一阶段是电子工具书。电子工具书将印刷版工具书电子化后，存储于磁带、软盘和光盘等介质，读者必须借助计算机辅助阅读。

第二阶段是网络工具书。随着计算机技术、网络技术的进步，以网站形式呈现的网络工具书在西方发达国家逐渐发展起来。1994年，《不列颠百科全书》正式在网络上发布，成为第一部网络百科全书。网络工具书大致可分为衍生型网络工具书、集成型网络工具书和开放型网络工具书三种类型。

第三阶段是工具书数据库。工具书数据库是一个按数据结构来存储和管理工具书数据的计算机软件系统，是一种信息资源数据库。它极大地提高了检索速度，实现了工具书知识的聚合。

第四阶段是工具书知识服务平台。面对数字技术的迅猛发展和出版知识服务属性的增强，工具书出版机构逐渐由内容提供商转型为知识服务提供商，集内容采集、作者编撰、编辑审稿、社交等功能于一体的工具书知识服务平台逐步发展起来。

---

❶ 肖超. 面向数字学术的牛津大学出版社学术工具书数据库出版探析［J］. 出版发行研究，2020（8）：91-96，32.

大数据、云计算、AR/VR、物联网、人工智能、第五代移动通信技术（5G）等新技术越来越多地应用于数字出版领域的方方面面，这将会催生出更多、更优质、更符合受众需求的数字出版融合产品。AR/VR技术与人工智能技术使得数字出版产品应用场景日益深化；5G技术的商业使用，将极速提升信息与内容的共享效率和传递能力，而且将催生出新的、丰富度更高的可视化数字内容形态和模式。❶

2.2.2 工具书的产品形态特征

工具书使用环境（PC单机、互联网、移动穿戴设备）、使用场合（阅读、写作、学习、考试、工作等）、使用主体（学生、家长、老师、媒体工作者、公务员、科研人员等）的多样化决定了工具书数字产品的形态也应随之多元化。工具书由早期的掌上电子词典内嵌、PC单机软件光盘等形式，发展为当下的在线工具书、工具书数据库、手持阅读器与平板电脑应用程序App、工具书学习平台、工具书基础数据服务等多种形态。工具书从印刷版到数字化的发展，实现了从查检工具向学习工具、从纸质图书向内容、从产品到服务的转变。❷❸

（1）在线数据库模式

数字学术的发展，推动了学术工具书的数字化转型，学术工具书数据库这一学术出版形态得以快速发展。在线学术工具书数据库实现了传统学术工具书内容资源与数字技术的融合，其具备工具书内容资源的集成、结构化标引、数字化编辑加工、检索和利用等功能。

目前牛津大学出版社工具书数字出版主要采用在线数据库出版形式，拥

---

❶ 刘中飞. 知识战"疫"时代的数字出版现状与融合发展趋势［J］. 中国传媒科技, 2020（5）：104-108.

❷ 中国出版传媒商报. 当工具书遭遇数字化［EB/OL］.（2013-08-15）［2022-05-15］. http://www.cnpubg.com/news/2013/0815/17523.shtml.

❸ 中国出版传媒商报. 融媒体化：助学工具书"大变身"［EB/OL］.（2020-09-01）［2022-05-15］. http://www.cnpubg.com/news/2020/0901/52528.shtml.

有四大学术工具书在线数据库平台：牛津手册在线数据库、牛津书目在线数据库、牛津科研百科在线数据库和牛津参考资料在线数据库。其出版特征主要体现在内容权威且可在线更新、注重知识生产的协作创新、采用增强出版模式❶、基于元数据的信息组织方式及学术检索功能强大。

我国的"百种精品工具书数据库"将商务印书有价值的一百多种工具书结构化、碎片化，在此基础上，动态重组，资源整合，加入多种数字产品功能，形成富有增值服务的新型数字工具书数据库。"百种精品工具书数据库"对工具书数据进行了全面、全新的深度加工和动态重组，开发了领先的检索系统，使工具书内容及其编排方式、查询方式得到立体化、多方面的扩展。这种检索系统使"百种精品工具书数据库"不仅具有快速、便捷的查询功能，更有着高效、友好、科学的学习功能；"百种精品工具书数据库"同时是词语查考和知识学习的平台，有效地拓展了工具书的内涵，创新性地提升了工具书的价值，创造出更好的用户体验。❷

（2）单个产品 App、小程序模式

为促进工具书数字化的发展，相关出版社不断探索和实践融合出版理念，依托自身丰富的优质出版资源，全力打造权威工具书的融媒体产品。除了工具书 App、数据开放平台外，还可推出微信端网络版，积极运用 AR 技术；除了打造单一数字工具书产品外，还可力推第三方应用，将工具书数据嵌入各大阅读 App 或搜索引擎，以解决不同应用场景、不同用户群体在阅读过程中的检索查阅需要；除了出版社自身加强数字工具书的内容维护外，还可充分借助用户之力，为修订词条、增补数据、完善服务给予助益。多方面发力，多角度突破，让工具书更好地契合读者需求，使之在新的市场形势下再获生机。

以 Linguap、"牛津高阶英汉双解词典"等为代表的 App 产品，前者多为外国人学汉语所用，后者是中国人学英语不可多得的工具。另外，目前

---

❶ 增强型出版物是一种增加了科学数据、附加材料、出版后数据等信息的出版物。

❷ 中国出版集团公司. 百种精品工具书数据库［EB/OL］.（2011-10-27）[2022-05-15］. http://www.cnpubg.com/digital/2011/1027/8915.shtml.

大数据时代的工具书资源及知识产权保护

Kindle 内置了商务印书馆的《新华词典》，18 个小语种的汉—外工具书也将在 Kindle 发布。《现代汉语词典》自出版以来，历经 6 次修订，重印 600 多次，发行 7000 余万册，被誉为中国辞书史上的一座丰碑，其在 2019 年推出了 App。

（3）聚合知识服务平台模式

进入数字时代，工具书的载体形态发生了革新性的变化，内容体例也因为载体的立体、多维、大容量而更加灵活丰富。不仅在纸版图书中已经出现知识内容关联扩展的二维码、音频点读及 AR 等新的知识资源及其展现形式，而且在数字化工具书中知识资源及其展现形式更加丰富多样。数字工具书的功用已不仅局限于查考，还可以提供系统性的、聚合型的知识内容，供用户主动学习研究，成为用户专业学习研究中的重要助手。互联网环境下的传统工具书出版已重构产品理念，形成互联网时代知识服务的应用框架。

伴随数字技术的发展和用户需求的变化，工具书不再是静态、孤立、平面的信息载体，已演变成为动态、关联、立体的知识载体。工具书的格式不再只是文本单一格式，而是文本与图片、音频、视频、动画、AR 等多媒体的融合；工具书的用户价值不再只是查考单一功能，而是查考、学习、研究、阅读、体验、交互等功能的复合；工具书的内容构成不再是离散的、条目分割的，而是聚合的、属性关联的；工具书的用户行为不再是被动使用，而是转向主动应用；工具书的应用场景不再是案头，而是随时随地多场景便捷使用。

互联网时代工具书出版选择知识服务作为发展方向有其鲜明的必然性。一是作为典型的信息和知识载体，工具书提供、传播权威规范的知识信息服务是其本质要求；二是互联网企业的跨界竞争与搜索引擎广泛的免费应用给工具书出版带来严峻挑战；三是数字时代信息泛滥，信息甄别、筛选的成本越来越高，市场和用户对工具书知识服务有迫切需求；四是工具书是知识资源的密集承载者，适合知识服务开发。

因此，工具书知识服务是互联网时代工具书出版重塑行业核心竞争力、实现产业升级、再创社会和经济效益的重要途径。法国的《拉鲁斯百科全

2 工具书资源的基本类型、布局和发展趋势

书》(*Larousse Encyclopedie*)已集成到拉鲁斯出版社的公共服务平台,并且不再提供纸质目录,仅可以在 www.editions-larousse.fr 网站上查阅整个目录。该平台整合了百科全书、法语词典、多语种双语词典、在线翻译器、论坛、图书及《拉鲁斯百科全书》印刷版等经典作品。我国的商务印书馆语言资源知识服务平台(应用市场名称为"涵芬")于 2020 年 3 月 30 日正式上线,是国内首个基于权威工具书开发的语言学习服务平台。该平台以商务印书馆出版的权威规范的语文辞书为基础,以优质、专业、体系化的语言知识内容为核心,融合人工智能、自然语言处理和大数据分析等技术,整合文本、音频、视频、动画等资源,构建词典查询、名著阅读、写作指导、经典讲析、传统文化学习等功能,通过大语文的研发方式、大集成的融合形式,成为中小学生及家长、语文教师和语言文字工作者等用户语言学习、语言应用的大帮手。此外,被广泛使用的集成式知识服务平台还有以百度百科、维基百科等百科全书式开放编辑的知识协作平台。❶

工具书数字产品具有数据结构化、内容数字化和生产过程化特征。

①数据结构化:知识体系的解构重建,通过专家系统进行深度挖掘、发现和组织,利用碎片化深度加工、人工智能化数据挖掘、隐性知识发现、内容动态重组等手段,动态重组出版资源,整理加工成结构化的数字资源。进行资源动态整合重组,形成知识服务体系,服务于用户多样化的知识学习;资源多样分类呈现,实现场景化重述,通过搭建互联网尤其是移动互联网平台,将结构化处理后的内容资源以碎片化方式按用户需求呈现在平台终端,完成对用户的知识服务。

②内容数字化:主要包括两个方面,一是内容多媒体化,二是查检多样化。工具书数字产品检索更加智能化和人性化,突破了纸质书的静态性,直观、生动,提升了用户体验的好感度,用户使用更高效、便捷。

③生产过程数字化:包括语料库、编辑编纂系统平台和排版平台等方面的基础建设,以及人工智能数据加工方式,以提高工具书的出版效率。

---

❶ 樊国萍,喻战书. 网络百科全书的发展趋势[J]. 新世纪图书馆,2008(4):63-65.

2.2.3 工具书的发展方向

目前，工具书的开发主要围绕着以下四个方向进行。

一是打造有市场价值、适合数字出版的资源，让工具书的数字出版有根基。

二是推进生产过程的数字化，让工具书的数字出版可持续。

三是推进数字产品的多元开发与营销，让工具书的数字出版盈利。这需要顺应数字化出版新形势，打造多方位、一体化出版模式。同时，结合互联网、手机 App、微信、微博等多种宣传和发行渠道，在提供内容服务的同时，打造知识共享和交流的新平台。

四是发挥学术型工具书的"聚合"变化作用。①内容上的聚合，综合多种类型工具书的内容，形成资源集成、内容关联的工具书数据库；②形式上的聚合，各种信息和知识通过文字、图片、音频、动画、视频等多种形式进行更直观生动地展现，并通过超链接、智能分类、图形化、标签等方式将传统工具书中分散于若干手册中的碎片化知识有机地整合在一起，多维立体地展现学术内容的本质特征；③编制者和使用者的聚合，如类似维基百科"自由、免费、内容开发"的网络百科全书，用户广泛参与共建、共享。

2.2.4 我国工具书产品的发展趋势

近年来，我国一直在推动学术工具书数据库的出版。中国大百科全书出版社在《中国大百科全书》第三版编撰中采用数字技术，力图将《中国大百科全书》（第三版）网络版建成国家大型公共知识服务平台。由中华书局下属古联（北京）数字传媒科技有限公司负责建设和运营的国内首款古籍知识服务平台"籍合网"，资源运营范围包含了《中华经典古籍库》《中外文史工具书数据库》《中华古籍书目数据库》等多种学术工具书数据库产品，是我国数字人文类工具书数据库网络出版和服务的典范。"籍合网"采用众包模式进行在线古籍整理，为用户提供纪年换算等数字在线工具，利用"古籍圈"增进用户学术交流，已经成为专业领域内最权威的古籍类工具书知识服务平台。中国知网开发的 CNKI 工具书库是全球最大的中文工具书在线检索数据库平台，其专业馆提供基础科学、工程科技等学科领域 2000 余部工具书的在线知识服务。

与国外学术工具书数据库相比，我国出版机构在工具书内容资源更新、知识组织方式、增强出版模式等方面尚有待提高。国内出版机构积极开展国内外合作。中国大百科全书出版社在 2018 年与德国施普林格·自然集团签订了《中国大百科全书·机械工程》（英文版）出版协议，与波兰时代—马尔沙维克出版集团签订了《中华文明史话》（波兰文版）出版协议，同时还发布了与中国科学院共同研发的中国首个智能百科机器人及《不列颠百科全书 250 周年纪念版》。

2.3 主要参考性工具书资源

2.3.1 综合性工具书资源

（1）《中国工具书网络出版总库》

《中国工具书网络出版总库》（以下简称《工具书库》，访问地址：https://gongjushu.cnki.net/rbook/）是全球最大的中文工具书在线检索平台，荣获第二届中国出版政府奖——网络出版物奖，被列为"十一五"国家重大网络出版项目和"十一五"国家重点电子出版物规划选题。《工具书库》汇集了 500 多家出版社的 1.2 万余部工具书，含 2000 万余词条，300 万余张图片，为用户提供精准、权威和可信的信息检索服务。《工具书库》是传统工具书的数字化集成整合，借助网络出版技术和数据库检索系统，以全学科、多领域的高度整合模式，构建了完整、系统、规范和有序的网络知识库，是用户拓展各学科知识广度和深度的桥梁。其内容结构包括语文分库、专业分库和百科分库三个大类。①语文分库收录汉语文字词典和其他语种的语文词典，供语言文学习用；②专业分库按学科分10大专辑168个专题，覆盖人文社会科学、自然科学、工程技术、医学、农学、教育、管理、信息等各个领域，类型包括专业词典、手册、图录图鉴、年表、史书、教材和大部头专著等，主要面向专业工作人员；③百科分库收录历史、文化、科普、鉴赏、生活等方面的百科全书、辞典、手册、图录等工具书，适合大众知识获取用。❶

《工具书库》由清华大学主管，由中国学术期刊（光盘版）电子杂志社网络出版，由同方知网（北京）技术有限公司研制发行，是《中国知识资源总库》的重要组成部分。中国学术期刊（光盘版）电子杂志社由国家新闻出版总署首批批准、教育部主管、清华大学主办，是我国规模最大、历史最久的专业互联网与电子出版机构。该杂志社成立于1997年，主要负责知识资源组织和采集、资源产品策划与设计、内容编辑与产品出版，拥有中国知网数据库的总体和内容编辑版权。

《工具书库》具备以下主要功能及特点。

①内容来源权威可信。《工具书库》与上海辞书出版社、商务印书馆、中华书局等知名出版社合作，收录的众多工具书都是权威专家编纂、出版社正规出版的纸本工具书，保留了纸质工具书的科学性和权威性，参考引用价值高。

②知识体系清晰完整。《工具书库》通过服务类型、搜索对象、学科领域、工具书类型、出版社等多维度分类，使库内复杂多元的海量数据资源结构化，提升检索快捷性、便利性和易用性。根据服务类型在前端交互界面将语文分库、专业分库和百科分库的资源划分为语文馆、专业馆、百科馆三个模块，分别面向普通词典用户、专业词典用户和百科资料用户；根据搜索对象可分为总库、词典、图片、表格和书目五类搜索条件；按资源类型可分为资源类和辞书类。此后2022年《工具书库》进行网站升级改版，将12 868部工具书按类型特色划分为语言文字类工具书、资料类工具书、检索性工具书三大类，具体分类如图2.3.1.1所示。

---

❶ 关于《中国工具书网络出版总库》[EB/OL]. [2020-10-30]. https://gongjushu.cnki.net/RBook/FootLink/ProductsIntroduce.

2 工具书资源的基本类型、布局和发展趋势

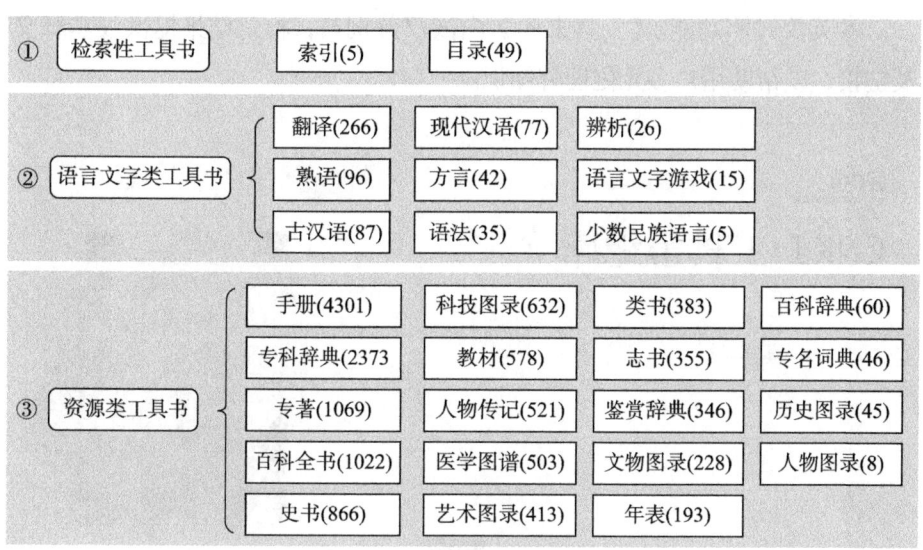

图 2.3.1.1 《工具书库》资料类型分类

注：图中数字表示数据库中该细分类型工具书的数量。

③数字化检索技术。实现纸质资源全文数字化，提供全文检索和书目导航两种查找方式，并配合多种检索条件和输入助手，突破传统纸质工具书的获取和检索局限。全文检索包含快速检索和高级检索两种模式，具有总库、词典、图片、表格和书目五类检索入口，并提供条头、条目、图书、出版社检索选项，如图 2.3.1.2 所示。《工具书库》首页输入助手包含部首、笔画、拼音和通配符说明，书目导航提供书名的首字拼音导航、学科分类导航，查找结果页面提供音序索引、笔画索引、主题索引、相关推荐功能。

④筛选排序高效便捷。《工具书库》搜索结果页面提供按工具书类型划分的 13 个分类标签，以及有无图片和是否购买的筛选选项，并提供按相关度、文字量、出版时间的排序方式，为用户快速定位检索结果提供便利。

⑤知网节关联。《工具书库》与知网学术期刊、博硕学位论文、会议论文、报纸、年鉴、专利等产品间建立链接，在搜索结果页面提供"相关文章"和"在其他工具书中的解释"模块；与汉语大词典&康熙字典、商务印书馆·精品工具书数据库、植物志等 8 个独立子产品数据库连接，实现不同数据库内相关条目的跳转阅读，拓展阅读视野。

⑥英汉对照功能。《工具书库》内嵌汉英词典，检索结果提供汉英释义及链接，以帮助用户多元化理解知识。

图 2.3.1.2 《工具书库》首页搜索及导航

根据工具书资源的类别划分，可以汇总出《工具书库》在以下 9 种工具书类别的典型书目分布。

①字典类：《诗词今古韵大字典》《古汉语通假字大字典》《简明古汉语字典》《汉字源流字典》《通用规范字典》。

②词典类：《汉语方言大词典》《英语常用语用法详解大词典》《21 世纪中型英汉词典》《中国古今地名大词典》《现代汉语大词典》。

③专业词典：《英汉生物化学与分子医学词典》《中文期刊大词典》《农业大词典》《中华美学大词典》《外国文学大词典》。

④百科全书：《马克思主义百科要览》《中国证券百科全书》《中国伦理学百科全书》《中国老年百科全书》《新闻传播百科全书》。

⑤图谱（鉴）类：《世界名蝶鉴赏图谱》《世界名贝鉴赏图谱》《中华农器图谱》《中国习见海洋鱼类耳石图谱》《世界名花鉴赏图谱》。

2 工具书资源的基本类型、布局和发展趋势

⑥医药图谱:《中国民间生草药原色图谱》《耳鼻咽喉科学彩色图谱》《心律失常图谱》《外科解剖学图谱》《中枢神经系统肿瘤诊断病理图谱》。

⑦手册类:《英汉人力资源管理核心词汇手册》《英汉印刷与包装词汇手册》《英汉汉英测绘专业词汇手册》《金融英语英汉汉英词汇手册》《全科医生常用方剂手册》。

⑧年表类:《中国历史人物生卒年表》《中外历史年表》《清代各地将军都统大臣等年表》《外国历史大事年表》《新编中国历史大事年表》。

⑨名录类:《中国冶金企事业名录》《世界蝴蝶分类名录》《中国出入境检验检疫实验室名录》《中国帝王名录》《哺乳动物分类名录》。

关于资源获取和数据库使用,《工具书库》网站可不登录,免费搜索和浏览,但如下载期刊文章等需订购会员卡。个人或机构注册账号后需购买中国知网会员卡或订阅数字资源,会员卡流量计费标准见表2.3.1.1。❶

表 2.3.1.1　中国知网会员·流量计费标准

产品类型		计费标准
年鉴		0.5元/页
统计年鉴	全文	0.5元/页
	表单	2.0元/个
工具书	汉语字典、词典、双语词典、表谱、语录、名录、目录	0.2元/条
	百科全书、专科词典、手册、人物传记	0.5元/条
	图录图鉴、医药图谱	2元/条
"文革"期间中草药实用手册全文数据库		0.2元/页

针对使用条款和版权归属,《工具书库》规定:所收录的内容均已获得权利人的授权;禁止任何形式的盗用、盗链、复制或非法建立镜像;严禁授权用户通过代理服务器向非授权用户提供本内容的使用权限,一经发现,将

---

❶ 中国知网会员·流量计费标准表[EB/OL].[2020-10-30]. https://vipcard.cnki.net/ec/czzx/account/account.html.

依法追究相关者的法律责任；内容的使用仅限于教育、科研之目的；任何人包括付费读者均不得将其内容通过网络论坛、网络博客及其他任何方式进行二次信息网络传播。❶

（2）Knovel工具书数据库

Knovel工具书数据库（访问地址：https://app.knovel.com/web/）是一款整合技术信息的在线型数据库，是面向从事应用研究的科学家和高级工程师开发的在线参考工具，将工程学和应用科学的数据信息与分析、检索工具整合在一起，涉及航空航天与国防、石油和天然气、化学工程、工程设计与施工、教育与研究和设备制造等学科领域，为促进行业创新和解答工程师各种实际难题提供方案。❷❸

Knovel工具书数据库（首页见图2.3.1.3）收录了来自多家重要科技出版商和专业学会出版的参考工具书及数据库数据，与超100家权威出版社及学会、协会合作，包括美国航空太空学会（AIAA）、美国化学工程师协会（AIChE）、美国冷冻空调学会（ASHRAE）及美国土木工程师学会（ASCE）。Knovel工具书数据库会新增内容与新的主题领域，来持续扩展数据规模。在全球有750家以上的客户，包括74家《财富》世界500强企业、全球前十大石油与天然气、工业设备、特用化学品、航天、国防及工程设计与营造等工程公司。美国新闻与世界报导（US News and World Report）公布"世界最佳大学"（The World's Best Universities）排名内的大学，有400家以上学术机构使用Knovel工具书数据库。该数据库为不同行业和学科的工程师、科研人员和产品专员提供帮助，包括土木、电气、机械和化学工程师，以及项目管理、设计和研发的专业人员。

---

❶ 《中国工具书网络出版总库》版权声明［EB/OL］.［2020-10-30］. https://gongjushu.cnki.net/RBook/FootLink/CopyrightStatement.

❷ 华中科技大学图书馆. Knovel工具书数据库［EB/OL］（2016-03-21）［2022-05-15］. http://www.lib.hust.edu.cn/DBView.aspx?id=246&Tab=2.

❸ 中国矿业大学图书馆. Knovel工具书数据库［EB/OL］.［2022-05-15］. http://lib.cumt.edu.cn/f9/fb/c1546a522747/page.htm.

2 工具书资源的基本类型、布局和发展趋势

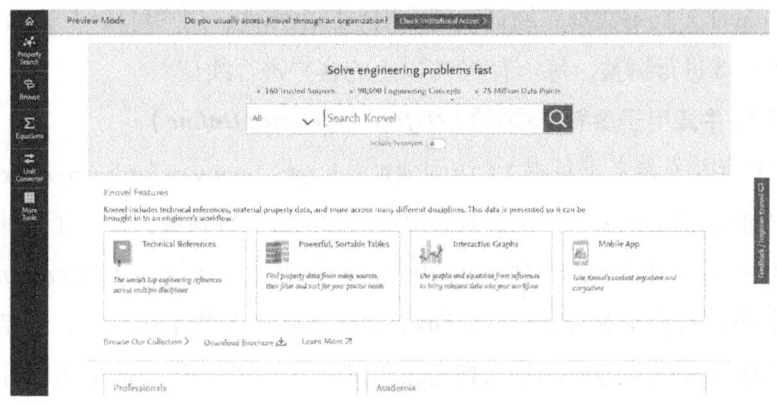

图 2.3.1.3　Knovel 工具书数据库首页

Knovel 工具书数据库具有以下主要功能：①交互工具（Interactive Tools），将工程领域专用书中的表格、图表、曲线图及公式"活化"，可让使用者轻松地查询、筛选、排序数据庞大的表格，或者将书中曲线图的任何坐标位置数据显示、抓取及输出加以运用，抑或可将书中繁杂的方程式以 Excel 文档汇出，直接输入参数运算结果。②数据检索（Data Search）：协助使用者通过物理、化学或工程中常用的各种参数来检索 Knovel 交互式的图表、方程式中的数值和表格中的数据，而这些数据更可进一步地被排序、筛选并输出成其他文档格式，如 Excel、ASCII 和 HTML。

同时，该数据库具备多方面优势❶：①提供 40 多种技术参考和内容产品，可根据任何组织需求进行定制。②提供交互式工程工具，支持数据分析及专业化数据搜索和分类，整合检索涵盖 30 多个工程类学科领域的 1 万多本顶级参考工具书、手册、百科全书、学术专题论文和会议论文及超过 10 万种互动表格、图解和公式等内容，使用户更轻松地找到解决技术问题的答案。③独一无二的表格和数据库，涵盖从机械到化学性质数据、腐蚀数据和材料性能等所有资料。④提供移动能力，可与领先工程软件、应用程序和工程信息发现平台集成，使工程数据具有更高的可移植性。

---

❶ Elsevier. Knovel 工具书数据库［EB/OL］.［2022-05-15］. https://www.elsevier.com/zh-cn/solutions/knovel-engineering-information.

Knovel 工具书数据库的订阅模式相当自由弹性，用户可依照自己的需求新增内容或进行调整，每年有 90% 以上的客户进行续订。

（3）《牛津电子参考工具书》（*Oxford Reference Online*）

《牛津电子参考工具书》（访问地址：https://www.oxfordreference.com/）是全球领先的在线参考产品，涵盖 25 个不同的学科领域，汇集了牛津大学出版社的《牛津词典》（*Dictionaries*）、《牛津指南》（*Oxford Companions*）和《牛津百科全书》（*Encyclopedias*）中的 200 万个数字化条目，包括牛津大学出版社最受欢迎的图书《格鲁夫美国音乐词典（第二版）》和《牛津古典词典（第四版）》，支持不同资料集合间交叉检索，为学者提供从简单条目、一般性参考文献到更深入的专业主题文章的多维度参考资源服务。《牛津电子参考工具书》数据库首页如图 2.3.1.4 所示。参考资源多样且数量庞大，分为概述页面、时间线、英语词典、双语词典、学术参考和报价单 6 种类型，其中包含 170 多万条由顶级学者和专家撰写的事实记录和定义，提供多学科领域内的交互参照；收录 16 000 多幅插画，包括彩色照片、地图及各种表格；超 36 000 篇自传；通过编年表连结数千个重大历史时间；多种双语字典释义。印刷版每年都会增添新标题并进行版本更新。

《牛津电子参考工具书》数据库服务于学术研究者，从功能上看主要有以下特点：①全文目录搜索支持选取搜索范围；②用户可选择文本并使用自己注释功能标注，并在个人中心下管理注释；③双击一个单词，即可通过在线牛津词典查看免费定义；④可获取标题级别的 MARC 21 书目数据格式（图书馆专业人员免费下载）且支持打开 URL，提高资源可发现性和使用率；⑤灵活的搜索结果筛选条件，提供按主题、按参考类型、书目或条目格式、仅全文结果等筛选条件，如图 2.3.1.5 所示，快速定位目标信息；⑥便捷的反馈途径，可使用条目底部的输入框添加关于条目有用程度的反馈。

2 工具书资源的基本类型、布局和发展趋势

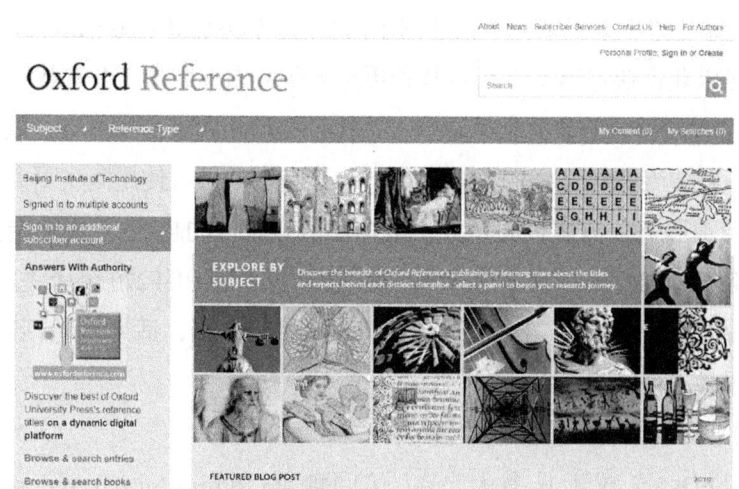

图 2.3.1.4 《牛津电子参考工具书》数据库首页

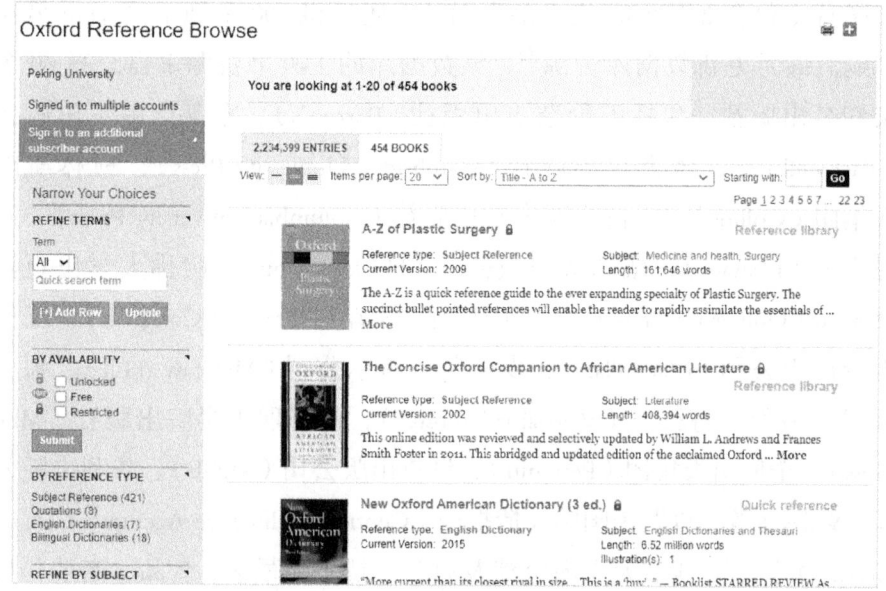

图 2.3.1.5 《牛津电子参考工具书》搜索结果页

《牛津电子参考工具书》允许机构根据需要按单位购买相关主题内容（永久访问权），以帮助机构构建和定制其馆藏资源，价格根据机构规模和

类型而定。机构订阅牛津参考工具书附加服务（Oxford Reference Premium）套餐，可以获得快速事实资料查找和更深入研究内容服务，并有权访问所有25个核心主题领域的数百个标题内容、持续更新和独家在线内容，以及牛津大学出版社更专业化选择的关键书目。非订阅用户仍可使用概述页面、时间轴和报价单服务，概述页面是关于数据库所有术语的超30万页的定义文档及相关条目链接，时间轴是按日期、区域和主题组织的270个历史时间轴。牛津大学出版社的所有在线产品提供30天免费试用，适用于包括图书馆、公司和学校在内的机构。

（4）《CREDO全球工具书大全》

《CREDO全球工具书大全》（访问地址：https://search.credoreference.com/）共收录全球104家著名出版社的524种实用工具书，共计300多万个词条，212多万篇全文文章，1亿个链接，20万个有声文件、20万张图片（包含2万余幅艺术品照片），还提供500多种工具书供另外订购，每月更新数据库资源❶。该数据库的工具书资源来自全球60多家知名出版社，包括巴伦杂志出版社（Barron's）、布莱克韦尔出版社（Blackwell）、剑桥大学出版社（Cambridge University Press）、柯林斯出版集团（Collins）、哥伦比亚大学出版社（Columbia University Press）、爱思唯尔（Elsevier）、威尔逊出版公司（H.M. Wilson）、哈佛大学出版社（Harvard University Press）、美国国会图书馆（Library of Congress）、麦克米伦出版公司（Macmillan）、麦格劳－希尔公司（McGraw-Hill）、梅里亚姆－韦伯斯特公司（Merriam-Webster）、麻省理工学院出版社（MIT Press）、企鹅出版集团（Penguin）、世哲出版公司（SAGE）、威利出版公司（Wiley）等，以及美国中央情报局（Central Intelligence Agency，CIA）。CREDO全球工具书大全内容涉及科学、技术、医学、食品、商业、法律、社会科学、历史、地理、语言、文学、哲学、心理学、音乐、艺术、宗教、传记、字典、百科全书、语录等，为这些学科提供常用或必备的工

---

❶ 北京大学图书馆. CREDO全球工具书大全［EB/OL］.（2011-06-08）[2022-05-15]. https://www.lib.pku.edu.cn/portal/cn/news/0000000617.

具书。《CREDO全球工具书大全》数据库首页如图2.3.1.6所示。

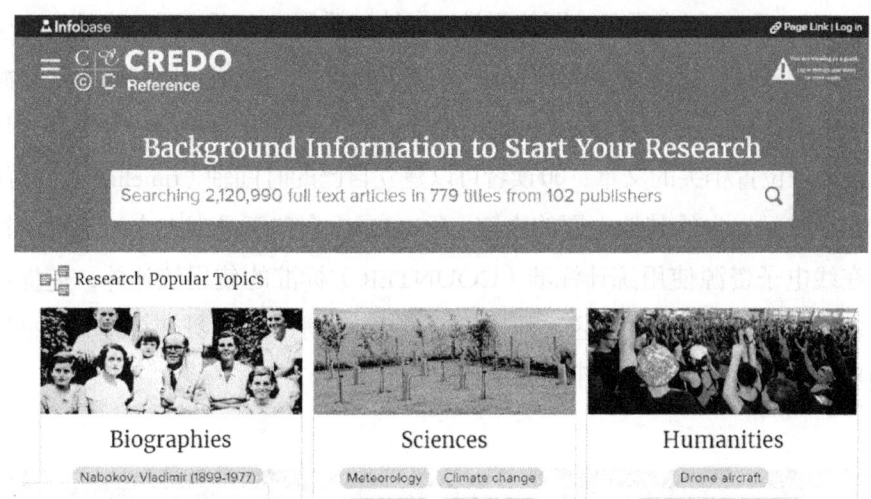

图2.3.1.6 《CREDO全球工具书大全》数据库首页

《CREDO全球工具书大全》由英国Credo Reference Limited（原Xreferplus Reference）提供，Credo Reference Limited是一家领先的图书馆与信息中心参考资源提供商，自1999年开始向图书馆提供完全定制的参考资源，汇集了全球最好的参考工具书出版社的最主要的专题内容，通过独有的跨资源技术（限定检索、X参照、概念图）让用户摆脱传统查找厚重工具书的枯燥过程，从而轻松地通过超链接在相关词条间切换，利用该链接挖掘词条关系，扩展用户思路，向全球400万用户提供最权威的答案，回答各种领域内的问题，包括字词含义、人物生平、历史事件、名胜古迹、艺术经典等。

《CREDO全球工具书大全》具有以下基本功能：①提供多语种检索界面，包括中文、英语、波兰语、乌尔都语、法语、西班牙语；②具有功能独特的概念图（Concept Map），可提供全方位检索，如图2.3.1.7所示；③提供动态统计表功能，还可输出Excel文件；④提供关联词条，如《牛津语录词典》《美国文学连续百科全书》《美国遗产英语词典》等收录的词条；⑤读者可以从数据库的帮助文件里下载安装浏览器工具栏，方便使用；⑥每种工具书拥有独立界面，可以在本书内检索与浏览；⑦可以链接到图书馆的"Ask-A-Librarian"或同类服务，即使不是图书馆注册用户也可收到查询结果电子邮件；⑧可以在数据库中添加本馆订购的其他资源的链接，以提高其他资源的使用率；⑨提供互动地图（Interactive maps），读者可直接点击地图获得与所需地理位置相关的文章；⑩读者可以建立自己的时间轴（timeline），以阅读相同时间发生的其他主题的内容。《CREDO全球工具书大全》除提供符合在线电子资源使用统计标准（COUNTER）标准的使用统计外，还提供更多使用统计信息，如登录次数、阅读次数、检索条件及其使用频率、书目使用频率、其他功能的使用与频率等。❶

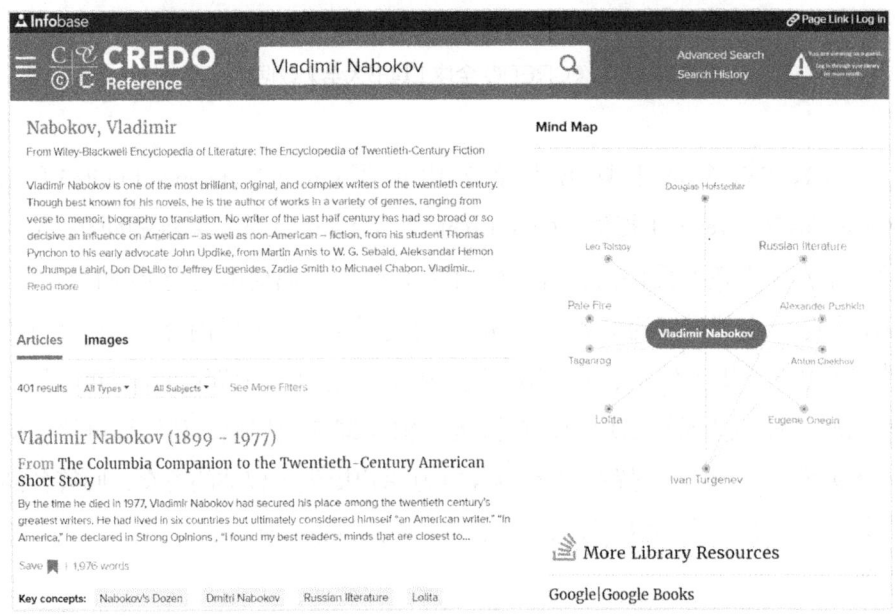

图 2.3.1.7 《CREDO 全球工具书大全》传记搜索结果详细信息页面

根据数据库使用条款和条件，《CREDO 全球工具书大全》授予被许可人非排他性和不可转让的权利：①访问该平台，以便搜索、查看、检索和显

---

❶ CINFO-现代信息. Credo 全球工具书大全简介 [EB/OL]. [2020-11-23]. http://www.cinfo.net.cn/credoreference.htm.

示许可材料中包含的参考条目和其他多媒体材料（如适用）；②下载和保存作品中包含的个人条目；③打印作品中发现的个人条目或教育资产的单一副本，用于个人学习或研究；④向其他图书馆借阅从本服务检索到的资料的数码或印刷本，但借出的方式或数量不得取代接收图书馆自己订购或购买许可材料，且任何此类借阅均须符合与数据保护有关的所有法律法规。

2.3.2 字典词典类工具书资源

语言工具中最重要的即字典和词典（后都用词典指代）。词典在人类历史早期即已出现，是用来对词语的意义、概念、用法等一些属性进行解释的工具。无论是在国内还是国外，词典编纂历史都源远流长。千百年来，词典编纂出版的历史按照媒介和载体的不同大致分为四个阶段：以"手"与"纸"为工具的手工书写阶段、以"火"与"铅"为特色的印刷阶段、以"光"与"电"为标志的计算机阶段、以"网"与"天"为特征的网络阶段。其中，计算机阶段和网络阶段属于广义上的电子时代。❶

纸质词典在人类历史很长的时间里，都是最重要的语言工具，也是人类传承语言知识的最好方法和实践。随着现代科技的迅速发展，一方面现代科技给词典提供了许多使用新载体的可能，另一方面现代人对于语言使用的需求越来越多，对词典的要求也日益增高，因此词典在当下也有了新的内涵和形式，从光盘版词典到单机版词典软件，现已发展为搭载互联网平台的网络版词典软件。❷

作为20世纪最重要的科技发明之一的电子计算机，自问世不久就被应用于词典编纂。早期的电子词典时代可以追溯到20世纪60年代末期，1963年出版的《韦氏新大学词典（第七版）》（*Websters Seventh New Collegiate Dictionary*，7th edition）从纸质文本形式转变成了电子文本形式，开启了电

---

❶ 魏向清，张柏然. 新世纪词典学理论研究趋势展望［J］. 外语与外语教学，2001（4）：54-56.

❷ 罗百慧，吴雪菲. 词典的历史和数字化趋势［J］. 科技信息，2014（7）：29.

子词典新时代。与传统的纸质词典相比,电子词典在容量、查询、携带、升级等多方面均具有无可比拟的优势。1974年出版的《牛津高阶英语词典(第三版)》(Oxford Advanced Learners Dictionary,3rd edition,OALD3)是第一部把计算机技术应用到词典编纂实践中的学习词典。1978年问世的《朗文当代英语辞典(第一版)》(Longman Dictionary of Contemporary English,1st edition,LDOCE1)则首次采用数字技术对各类语言信息进行标注,使词典真正计算机化。1987年推出的《柯林斯COBUILD英语词典(第一版)》(Collins COBUILD English Dictionary,1st edition,CCED1)在语料收集、词目选择、词条编辑等词典编纂的各个阶段均利用了计算机技术,标志着计算机辅助词典编纂取得了突破性的进展。基于电子技术的计算机语料具有强大的编辑统计功能,可以在许多方面为词典编纂提供巨大的便利,如确定词目及其义项、限词释义、提供例证、说明语法信息、描述语体特征、增补修订等,基本涵盖了词典编纂的各个阶段。进入21世纪以来,词典编纂的电子化特征更加明显,以"五大词典"(即《牛津高阶学习词典》《朗文当代英语词典》《柯林斯合作学习词典》《剑桥高阶学习词典》《麦克米伦高阶学习词典》)为代表的英语学习词典大多在发行纸质版的同时推出了光盘版和网络版,在全球久负盛名的《牛津英语词典》(The Oxford English Dictionary)从第三版开始不再推出纸质版,专注研发电子版词典。❶❷

电子词典是基于计算机和计算语言学理论开发的语言处理和识别系统,与印刷型(或纸质型)词典相对,是以硬盘、光盘、磁盘及芯片等光电磁介质作载体,借助微型处理器及相关设备进行查询和检读的工具书,是存储在电子媒体上的语言知识库,可呈现于个人电脑、个人数字助理机、微型芯片电子词典、电子书阅读器、智能手机、平板电脑等终端屏幕上。按照这个定义,除了拥有实体的卡西欧等袖珍电子词典外,以光盘、App形式呈现的都

---

❶ 张相明. 21世纪词典学研究的电子化发展新趋势——兼评《电子词典学》[J]. 辞书研究,2014(4):10-19,93. https://www.zz-news.com/com/cishuyanjiu/news/itemid-1414848.html.

❷ 汪耀楠. 论词典分类[J]. 辞书研究,1985(4):8.

可以算是电子词典，而网页和微信公众号中只要所存储和提供查询的是经过正式出版和授权的词典数据，也可以算是电子词典。电子词典可以依据不同的视角进行分类。

按照呈现载体的不同，可以分为储存于光电磁等介质上的词典，多语术语数据库，机器词典、词库或数据库，网络词典和文字处理平台拼写检查器等。

按照使用对象不同，可分为人用词典、基于计算机的词典、机读词典、术语库、机器词典、词汇数据库、人工智能词库等。

按照词库性质的不同可分为：①词库开放型，词库开放型电子词典是制定一个词库的标准，由出版机构、研究机构、内容提供商、个人等将自己的数据打包为符合该标准的词库，可配合专用的主程序进行查询，因为词库标准公开，甚至允许软件开发者自行开发词典主程序以实现更多功能，其主要特征是平台通用性好、可多词典查询、定制性强；②词库捆绑型，相比词库开放型电子词典，词库捆绑型电子词典更受出版商和软件开发商的青睐，因为这种方式可以在自己规定的格式下生成词库并随意加密，以避免数据外流，保护知识产权；③词库联网型，即网络词典，词库位于云端的服务器上，使用者只能通过网络对词库进行读取，可在一定程度上防止侵权。另外，在利用网络连接词库时，一般都是通过浏览器进行的，因此这类电子词典往往都会开发一个在浏览器上呈现的网页，此时浏览器也就担任了词典主程序的角色，可以实现查询等功能，不必为之开发专门的主程序。也可作为一种补充功能很方便地集成到词库开放型App、词库捆绑型App中，也可以开发专用的移动设备查询App，这种App可以理解为网络词典的客户端，如《新华字典》《现代汉语词典》、有道词典、海词词典等App。

随着网络的普及和科技的发展，人们越来越依赖于网络，网络字典的形式和内涵也在不断丰富和发展。本书列举以下代表性产品。

（1）在线教育产品《网易有道词典》

《网易有道词典》是由网易有道信息技术（北京）有限公司于2007年出品的全球首款基于搜索引擎技术的全能免费语言翻译软件，为全年龄段学习人群提供优质顺畅的查词翻译（核心功能）服务。查词和取词划词支持英语、日语、韩语、法语、德语、俄语、西班牙语和葡萄牙语 8 种语言，翻译部分支持 41 种语言与汉语互译。同时，《网易有道词典》通过独创的网络释义功能将各类新兴词汇和英文缩写收录其中，并依托有道搜索引擎的强大技术支持及独创的"网络萃取"技术，为用户提供最佳的翻译体验。❶此外，《网易有道词典》还提出了多种首创功能，包括：①"原声音视频例句"模块收录了国际名校公开课及欧美经典影视作品的视频原声例句；②"智能划词取词"技术实现在计算机端提供 OCR 取词功能，可在浏览器、图片、PDF 文档中轻松实现词义动态排列及词组智能取词；③"有道指点"技术为用户提供指定词汇丰富的人物、咨询、百科等相关内容。截至 2016 年 4 月，《网易有道词典》（桌面版 + 手机版）用户量超 5.5 亿人次，市场份额近 80%，稳居同类产品第一，是网易第一大客户端和移动端产品。❷与《网易有道词典》相关联的网易旗下产品包含有道精品课、有道翻译（出国翻译官）、有道翻译官、有道口语、有道人工翻译、有道云笔记、有道同传、有道文档翻译等，《网易有道词典》软件内均提供入口、推广或链接，服务于用户的深度和广度学习。

从《网易有道词典》的版本演变上看，2010 年 2 月国内首款互联网在线词典替代传统盒装词典，随后增加单词本、多语种查询、查询结果同近义词及例句、离线词库等功能；2013 年推出全新云图书的一站式英语学习平台，收录词汇、阅读、听力、口语等教育内容；2014 年新增"发现频道"，打造移动端最大的在线学习平台，聚合新东方、外语教学与研究出版社等高质量教育机构及名师学习课程；2015 年新增学习词典，围绕用户学习行为习惯和考试真题，满足中学、大学、留学、商务英语等 11 种学习需求；2016 年新增"圈子"功能，基于用户社交互动需求打造语言学习社区；2017 年新增语

---

❶ 网易有道词典. 关于有道词典概况［EB/OL］.［2020-11-05］. http://cidian.youdao.com/about/index.html.

❷ 人人都是产品经理社区. 网易有道词典 App 分析：从用户需求看发展前景［EB/OL］.（2018-07-27）［2022-05-15］. https://www.163.com/dy/article/DNNKKURG0511805E.html.

音翻译、拍照翻译、实景翻译功能,丰富翻译使用场景。由此可以看到《网易有道词典》从翻译工具到语言学习平台的转化过程。在此过程中,《网易有道词典》首先是不断完善、打磨其工具属性,然后语言学习平台转化,最后继续完善工具、平台属性。❶

从主要功能及优势上看,《网易有道词典》主要包含网络释义技术、海量网络词汇、专业权威词典、学科专业词汇标注、原声发音朗读、多场景翻译、辅助学习功能及查询结果衍生内容8方面特色优势。①有道搜索引擎在抓取并获得数十亿网页数据后,利用独创的网页萃取技术找出互为翻译关系的中外文词汇和句子,通过优化调整得到最佳翻译结果。②《网易有道词典》囊括最新、最流行网络词汇,如网络用语中的缩略词等。③《网易有道词典》与多家权威出版教育机构合作,包括哈珀·柯林斯出版社有限公司、外语教学与研究出版社、上海辞书出版社、中国人民大学出版社、中国教育出版传媒集团、培生教育出版集团,词库完整收录《朗文当代高级英语辞典》《柯林斯英汉双解大词典》《21世纪大英汉词典》《新汉英大辞典》《现代汉语大词典》等多部专业权威词典。④60万条专业词汇标注,词条覆盖200个学科领域,180万百科词条提供一站式知识查询平台。⑤单词及例句点击发音,收录国际名校公开课及经典影视作品的视频例句,以及来自英语广播原音的音频例句。⑥智能划词取词技术,实现IE9、chrome浏览器屏幕取词,利用OCR取词技术实现图片识别翻译,利用AI技术、神经网络分析等实现实景翻译。⑦教育辅助功能,提供作文批改、发音指导、句子跟读、听力词库等功能,根据语言学习行为及过程,划分出学单词、学英音、学口语和学语法板块,并根据不同人群的英语学习需求及目标,提供掌上考研、高考服务、英语启蒙、少儿词典等分类模块,强化实用教育功能。⑧查询结果显示网络释义、专业释义、英英释义3种翻译内容,提供词汇所在学科分类体系、同近义词、同根词、词组短语、词源、百科详解、权威例句及视频例句、数据资料来源等衍生信息,构建用户语言学习的知识体系。目前,《网易有道词

---

❶ 人人都是产品经理社区. 网易有道词典App分析:从用户需求看发展前景[EB/OL].
(2018-07-27)[2022-05-15]. https://www.163.com/dy/article/DNNKKURG0511805E.html.

典》已发展成一个综合类型的语言翻译服务学习工具，利用先进的数据分析挖掘技术等，构建出"词典+翻译官+学习平台型"的产品结构。❶

关于《网易有道词典》的盈利模式，主要分为广告、会员制、付费精品课3个主要模式。广告包括启动广告、首页移动广告、精品课tab广告等。用户可付费成为会员，享受网页翻译、VIP学习营、发音指导、新牛津词典、韦氏词典、纯净去广告、简洁查词首页等特权资源或功能。

关于《网易有道词典》的用户使用和版权规定，根据《网易有道词典》服务条款❷：①仅供用户非商业用途，不得销售、转让、许可或以其他方式提供给第三方，否则必须得到有道公司的书面允许。②用户承认有道公司拥有对网易有道词典的所有权利，包括但不限于所有知识产权。用户同意不会修改、改变、翻译网易有道词典、创作网易有道词典的派生作品、通过反编译、反向工程、反汇编或其他方式从《网易有道词典》得到源代码或所有数据。有道公司提供的网络服务中包含的标识、版面设计、排版方式、文本、图片、图形等均受著作权、商标权及其他法律保护，未经相关权利人同意，上述内容不得在任何平台被直接或间接发布、使用、处于发布或使用目的的改写或再发行，或被用于其他任何商业目的。③用户在网易有道词典上发表的全部原创内容（包括但不仅限于词语释义、例句、回答、文章和评论），著作权均归用户本人所有。用户可授权第三方以任何方式使用，不需要得到有道公司的同意。

（2）《百种精品工具书数据库》

商务印书馆是国家级出版机构，也是中国出版史上第一家现代出版机构。商务印书馆1897年创办于上海，1954年迁到北京，现主要编译出版外国哲学、社会科学方面的学术著作，编纂出版中外语文工具书及研究著作、教材、普及读物等。

---

❶ 网易有道词典. 功能介绍［EB/OL］.［2020-11-05］. http://cidian.youdao.com/feature.html.

❷ 有道公司. 网易有道词典服务条款［EB/OL］.［2020-11-05］. http://xue.youdao.com/sw/m/1191866.

《百种精品工具书数据库》是商务印书馆有限公司研制出版、同方知网（北京）技术有限公司完成技术开发的权威、专业、创新的在线工具书全文数据库，集成了商务印书馆出版的100余种现代精品中外文工具书，涵盖汉语、英语、俄语、德语、法语等21个语种；经典荟萃，内容权威，品种齐全，规模巨大；总字数3.5亿余字，词目360余万条。类型包括字典、词典、成语词典、语典和专科辞典，集字、词、成语、俗语、谚语、歇后语、惯用语、名言及专科词语等多类型词汇于一体，融汇语言、文字、文化、百科等知识，共收词目约35万条，约6000万文字量，200万知识项，10GB数据量；词目音频65 000个，汉字笔顺Flash 2500个，实用知识附录32种。❶

该数据库全面、全新地整合了商务印书馆优质工具书资源。在内容上，保有纸质工具书的准确性、科学性、权威性，为用户提供精准、规范、丰富的信息；在功能上，开发了强大的全文检索工具，构建了具有关联性、立体性和动态性的知识系统，既极大地提高了检索速度，又很好地实现了知识的聚合，可以显著提高用户的使用效率，大大拓展用户的信息视角，帮助用户便捷地获取信息，全面、系统地学习知识。

《百种精品工具书数据库》具有以下主要功能及特色：①内容丰富、权威，汇集了商务印书馆出版的29部汉语言类精品工具书，具有规范性、科学性、权威性，深受读者信赖。②构建知识系统，致力知识服务，实现知识学习。《百种精品工具书数据库》整合多书信息，建立词条知识单元，为用户提供高效的、系统的知识学习服务。③可据意查词，即根据想要表达的意思输入关键词，可查询到意义相关词，提供词汇选择，是写作和表达的助手。④具有丰富的多媒体内容，约65 000个基本词目配有播音员真人发音朗读，2500个常用字配有动态笔顺的Flash动画演示。⑤检索方式及检索入口多样，具备初级检索、高级检索、通配符检索、片语检索，提供"词目""释文""书名""索引"等检索入口。⑥具有多种匹配方式，提供"精确""模糊""通配符"匹配方式。⑦检索范围可选，可选择在全库中检索或在单本书

---

❶ 百种精品工具书数据库：https://www.cp.com.cn/Content/2014/02-25/1528033367.html。数据库访问网址：http://www.icidian.com.cn。

内检索,还特别提供选书检索的功能。⑧具有输入助手功能,提供了部首、笔画和拼音输入助手功能帮助检索。⑨设置书目导航,每本书都有唯一网址,便于读者找到所需要的工具书。⑩编排实用附录,专门设置附录库,收录32种典型的常用附录,增强本数据库的实用性和知识性。

《百种精品工具书数据库》包含以下典型工具书书目。

①字典类:《新华字典》《古汉语常用字字典》《新华多功能字典》《商务馆小学生字典》《新华写字字典》。

②词典类:《现代汉语词典》《新华词典》《现代汉语学习词典》《商务馆小学生词典》《新华同义词词典》(中型本)、《新华反义词词典》(中型本)、《商务馆小学生同义词近义词反义词词典》《新华新词语词典》《全球华语词典》《新华正音词典》《新华拼写词典》《商务馆小学生组词造句词典》《辞源》。

③成语词典类:《新华成语词典》《汉语成语小词典》《商务馆中学生成语词典》《商务馆小学生成语词典》。

④语典类:《新华谚语词典》《新华惯用语词典》《新华歇后语词典》《俗语词典》《商务馆小学生谚语歇后语惯用语词典》《北京俏皮话词典》《古代汉语名言词典》。

⑤专科辞典类:《中国艺术百科辞典》。

《百种精品工具书数据库》所收录的内容均已获得权利人的授权,内容版权归权利人所有,数据库作品版权归商务印书馆有限公司所有。禁止任何人任何形式的盗用、盗链和非法建立镜像;禁止授权用户通过代理服务器等形式向非授权用户提供该数据库的使用权限;严禁任何人包括付费读者将该数据库内容通过网络论坛、博客及其他任何方式进行二次信息网络传播;禁止对该数据库的标识、网页设计布局作部分或全部的复制或仿造。

(3)《牛津在线英语大辞典》(*Oxford English Dictionary*)

《牛津在线英语大辞典》(访问网址:http://www.oed.com/)是世界公认的最权威、最全面的英语辞典,被誉为英语语言研究和学习领域的"圣经"。其内容来自20卷牛津英语辞典,在最新发行的纸本辞典内容的基础上,每

3个月更新一次在线数据库的内容。它是英语语言发展的忠实记录,记录了超过60万个英语单词、自公元1050年至今的发展沿革和250万条各种来源的引文,数据库首页如图2.3.2.1所示。《牛津在线英语大辞典》数据库的功能包括词条、意义、语境、引文、词源的搜索,对语言学家、英语文学家和语言爱好者意义非凡。《牛津在线英语大辞典》不仅有《牛津英语辞典》的全文,还收录了《牛津英语辞典同义词库》,带给用户探索英语的全新方式。《牛津在线英语大辞典》目前已经相当于25册大型纸质版本辞典的词汇量。其中,数万条新增和修订词汇只能从在线版本中查到。另外还收录了《牛津英语辞典历史同义词词库》(2009年首次发行印刷版本)和《牛津英语辞典》第20卷第二版(1989年出版)里的词汇。

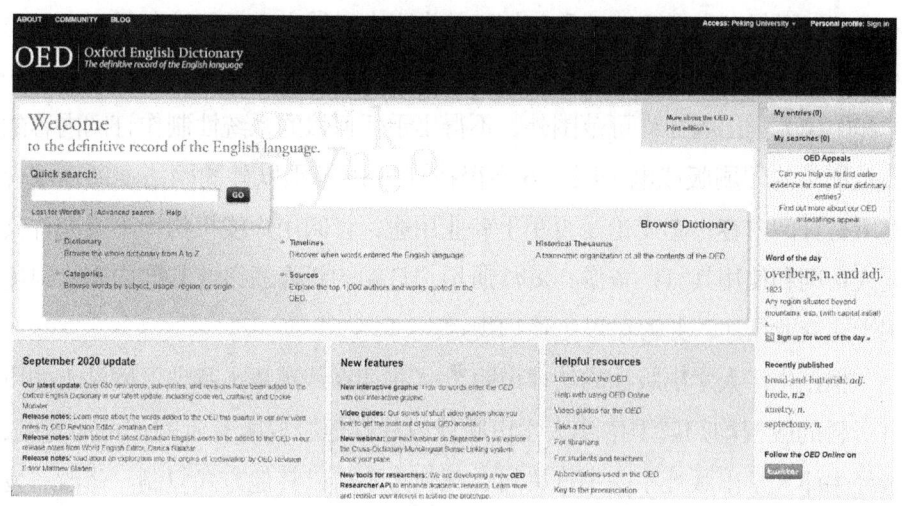

图 2.3.2.1 《牛津在线英语大辞典》数据库首页

《牛津在线英语大辞典》包括以下主要功能和特色:①即时搜索和浏览,按主题、领域、使用情况或词源检索;②查阅牛津在线英语大辞典的单词主要来源(作者及他们的作品)和它们在语言的形成中所起的作用;③点击每个词条的链接轻松链接至牛津英语历史词库、牛津国家人物传记、牛津现代英语大词典及其他在线资源数据库的相关文章查阅概要信息,包括每个词条的词义发展历史、引用记录和与其他词条的链接；④按时间搜索及按时间顺序显示搜索结果，说明该词语何时开始使用，如该词何时引用自日语，或者是何时主要应用于天文学领域；⑤建立自己的个性使用页面，将词条和其他搜索结果保存至"我的 OED"中；⑥友好的新界面，帮助用户快速导航，迅速从单词的释义中链接到单词词源，查找相关词汇，有针对性地搜索，获得浏览列表及其他相关的在线资源；⑦适用范围广泛，各类英语学习及教学和研究人员均能通过 OED 拓展英语方面的知识，也能够了解更多历史文学方面的内容。❶

关于资源获取和使用方式，《牛津在线英语大辞典》支持个人订阅和机构订阅。

关于订阅用户许可权限，规定用户：①可搜索、查看、检索和展示订阅内容；②可保存电子版或（和）打印单个副本；③应遵循网站各页面中的访问约束；④不得删除或更改网站上显示的版权声明或免责声明；⑤在相关法律和牛津大学出版社许可范围外，不得出于任何目的系统性制作订阅内容的多个摘录的印刷版或电子版；⑥不得在订阅 IP 范围以外的网络上展示或分发所有订阅内容；⑦无论是否用于商业用途，订阅用户或机构均不得允许其他人访问和使用其订购资源；⑧注册用户订阅的新闻通讯或其他内容，只能用于非商业用途，并遵循以上使用规定。

根据牛津大学出版社的法律声明❷，《牛津在线英语大辞典》网站上的所有资料的版权均归属于牛津大学出版社或经其他版权所有者的许可而复制，未经牛津大学出版社事先书面许可，任何人不得以其他方式复制、修改、发布、广播或分发该网站的任何资料。牛津大学出版社对网站上所含信息的准确性、出于特定目的的适销性与适用性、侵权或不侵权行为不作任何形式的担保或陈述。网站部分可能允许用户发布自己的资料，但不一定反映牛津大

---

    ❶ 北京大学图书馆. Oxford English Dictionary（牛津在线英语大辞典）[EB/OL].（2013-05-24）[2020-11-05]. https://www.lib.pku.edu.cn/portal/cn/node/1179.

    ❷ 牛津大学出版社. 牛津在线英语大辞典法律说明[EB/OL]. [2020-11-05]. https://public.oed.com/legal-notice/.

2 工具书资源的基本类型、布局和发展趋势

学出版社的观点，用户拥有原创资料的所有必要权利。牛津大学保留自行决定审查、编辑或删除用户发布的牛津大学出版社认为的任何诽谤、非法、威胁、淫秽或其他侵害他人材料的权利。

（4）《联合化学词典数据库》（*CHEMnetBASE*）

CRC 出版社作为化学橡胶公司成立于 20 世纪初，1973 年开始集中转向出版业，经过 90 多年的发展而成为专业教材和参考工具书的出版先锋，涉及化学、物理、生命科学、医药、食品科学、环境科学、工程、信息技术、商业、管理、数学和统计学等领域，现在属于泰勒弗朗西斯出版集团。泰勒弗朗西斯出版集团是一家理论和科学图书出版商，拥有丰富的出版经验，作为世界领先的学术性期刊、图书、电子书及参考工具书出版社之一，旗下包含劳特利奇出版社和 CRC 出版社，出版的内容遍及人文、社会科学、行为科学、科学技术和医学等各个领域。目前，泰勒弗朗西斯出版集团在全球范围内出版 2000 余种期刊，纸质书每年出版量约 6500 种，出版的电子图书近 70 000 册。❶CRC 系列数据库（访问网址：http://www.chemnetbase.com/）是 CRC 出版社推出的一系列专业学科领域的参考工具书在线数据库，汇集全球主要参考出版物，目前包含 37 个数据库，其中工程技术在线数据库、联合化学词典数据库、环境科学在线数据库和美国毒物与疾病登记署在线数据库均是获奖出版物，书籍总量约 5000 种，涉及超过 14 个学科分类。

《联合化学词典数据库》由 11 个互动式资料库与词典集合而成，如图 2.3.2.2 所示，可订阅其中一个或所有资料库与词典。❷

---

❶ 大连大学图书馆. Taylor & Francis 系列数据库［EB/OL］.［2020-11-09］. http://dali.cwkeji.cn/ermsClient/eresourceInfo.do?rid=879.

❷ 中国科学技术大学. CRC CHEMnetBASE［EB/OL］.［2020-11-05］. http://lib.ustc.edu.cn/%E7%94%B5%E5%AD%90%E8%B5%84%E6%BA%90/database/2-%E7%94%B5%E5%AD%90%E5%9B%BE%E4%B9%A6/crc-chemnetbase%E5%8C%96%E5%AD%A6%E8%AF%8D%E5%85%B8%E6%95%B0%E6%8D%AE%E5%BA%93/.

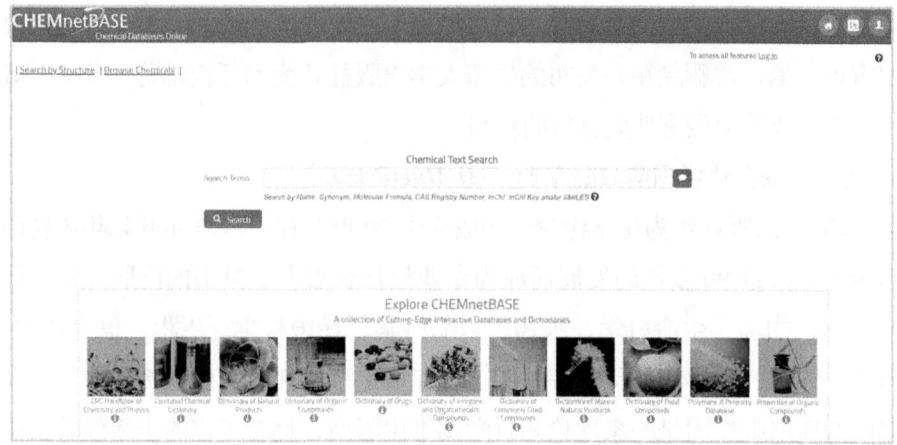

图 2.3.2.2 《联合化学词典数据库》首页

1）组合化学词典（Combined Chemical Dictionary，CDD）是一个结构化数据库，包括描述性数据和数字数据、系统名称和通用名称、文献引用、结构图及其相关的链接表。组合化学词典收录 612 000 多种物质，涵盖几乎所有已知天然产物。每年更新两次，由以下 7 个独立电子词典组成。

①天然产物词典（Dictionary of Natural Products），一部综合的天然产物结构数据库，每一种天然产物都通过物种名称与生物物种名录（www.catalogue of life.org）相联系，从而提供权威的分类信息。天然产物词典提供印刷版、光盘版和在线版。

②有机化合物词典（Dictionary of Organic Compounds，DOC），又称"海氏有机化合物辞典"，涵盖了有机化合物、合成试剂、原材料、简单结构的基本化合物、农药和常用化学品等。自第 1 版以来，一直是有机化学家、生物化学家、药剂师及所有使用有机化合物的工作者最实用的参考资料。

③药物词典（Dictionary of Drugs）提供关于当前上市药物、正在进行临床试验的药物和药理学工具的准确的最新和简明的信息，是药物化学家的一站式资源。

④无机与有机金属化合物词典（Dictionary of Inorganic and Organometallic Compounds）介绍配位化合物、有机金属化合物、元素、简单的二元和三元

2 工具书资源的基本类型、布局和发展趋势

化合物,以及主要的生物无机化合物的化学物理和结构数据。

⑤常用化合物词典(Dictionary of Commonly Cited Compounds)包含化学摘要(不包括聚合物和生物制品)中最常被引用的前 25 000 个化合物。

⑥海洋天然产物词典(Dictionary of Marine Natural Products)。

⑦食品化合物词典(Dictionary of Food Compounds)介绍食品中发现的化合物的全面信息,包括添加剂、天然食品成分、污染物和营养食品。

2)聚合物属性数据库(Polymers: A Property Database),包含超过 1000 种聚合物和单体的科学与商业信息,每个词条都包含商品名称、特性、单体组成、商业用途、制造过程与参考资料。

3)化学物理手册(CRC Handbook of Chemistry and Physics),是 CRC 出版社的标志产品之一,从 1913 年至今已出版到第 82 版,仍是化学家、物理学家和工程师认可的最权威的参考工具书。

4)有机化合物属性(Properties of Organic Compounds),覆盖 29 000 多种最常被搜寻的有机化合物,包括其物理数据、光谱数据与结构。

《联合化学词典数据库》具有以下特色功能及优势:①一站式搜索,允许用户在《联合化学词典数据库》的所有数据库中同时对化学术语搜索,搜索结果以选项卡格式显示,以便于跨数据库识别。②强大的化学结构搜索功能,用户可使用 ChemAxon TM 的 Marvin JS 绘制化学结构,然后通过精准匹配或子结构进行检索,这是一种基于 javascript、不受操作系统限制的化学结构编辑器,在所有主流浏览器中均可运行;同时,用户也可导入一个结构文件,或在搜索框中粘贴一个 SMILES、SMARTS 或 InChI 字符串。③提供化学文本或内容搜索,用户可按名称、同义词、分子式、CAS 注册表编号、InChI 键或 SMILES 搜索。④具备电子表格格式的交互式表格,让排序、编辑、合并更加灵活便利。⑤聚合物和单体都可以独立搜索,用户可以使用已经识别的单体来交叉引用聚合物条目,或者直接在聚合物数据上使用广泛的属性搜索功能。数据库的聚合物部分可以使用 92 种可能的属性组合以用户选择的任何方式进行搜索。

《联合化学词典数据库》网站无须登录可免费访问部分资源,但完整功能和浏览详细信息需付费订阅一个或多个数据库。根据联合化学词典数据库网站许可协议，该数据库网站具有以下使用及版权条款：①网站上的任何软件、内容或其他材料（统称为"内容"）均为泰勒－弗朗西斯出版集团和／或其供应商的版权作品。②该网站由泰勒－弗朗西斯出版集团拥有和运营。不得以任何方式复制、构架、重新发布、上载、发布、传输或分发该网站的内容，除非可在任何一台计算机上临时下载该内容的一个副本或打印该内容的一个或多个副本。内容仅供个人和非商业使用，前提是保留所有版权、商标和其他所有权完整。③明确禁止对内容进行再版或重新分发，包括通过框架或类似方式进行。禁止修改该网站包含的内容或将其用于任何其他目的，并且构成对泰勒－弗朗西斯出版集团和／或其供应商的版权和其他所有权的侵犯。④在不限制前述内容的前提下，明确禁止将内容或从本站点获得的任何其他材料复制或复制到任何其他服务器或位置，以进一步复制或重新分发。

2.3.3　百科全书类工具书资源

百科全书是概要记述人类一切门类知识或某一门类知识的完备的工具书，主要作用是供人们查检必要的知识和事实资料，其完备性在于它包容了各种工具书的成分，囊括了各方面的知识。

百科全书起源于人类对已有知识的全面概括和分类整理，多采用条目或分类法编排，对某一范围内知识的定义、概念、原理、方法、历史和现状作解释和叙述。古希腊学者亚里士多德曾编写过全面讲述当时已有学问的各科讲义，被西方奉为"百科全书之父"。中国汉代初期的《尔雅》内容涉及自然科学和社会科学诸方面，是中国百科全书性质著作的渊源。魏文帝时刘劭、王象等人编纂的《皇览》，被认为是类书之始。自魏至清的几百部类书，虽然是百科性质的著作，但因只限于已有文献的汇集，而未发展成为现代意义的百科全书。❶

---

❶ 中国大百科全书出版社. 百科全书的历史［EB/OL］.［2020—11—05］. http://www.ecph.com.cn/index.php/index/book/lishi.

百科全书具有记录、存储、积累知识的历史作用和教育功能及查考作用，是概括人类生活各领域科学知识的完备的工具书，具有鲜明的时代性特点。自法国狄德罗的首本百科全书问世以来，各国掀起了编纂百科全书的热潮，18—20世纪，英国、德国、美国、法国、意大利、俄罗斯、日本等国相继编纂出版了一批权威的百科全书。尤其是近现代，世界上已有五六十个国家编纂并出版了能代表自己国家水平的百科全书，如《中国大百科全书》《不列颠百科全书》《钱伯斯百科全书》《美国百科全书》等。❶是否有一部优秀的综合性的百科全书，成为衡量一个国家科学、文化发展水平的标志之一。

西方百科全书经历了三个发展时期：①古代百科全书。古希腊、古罗马的百科全书起源于教育，编排上采取原始的知识分类，由单个的编著者完成。公元1世纪普里林尼编著的《自然史》（又译《博物志》）37卷，是古代百科全书最主要的代表作。②中世纪百科全书。5—16世纪的百科全书明显地反映了那个时代神学和宗教统治的影响，大多是修道院供神职人员学习的课本；在编排方法上以"自由七艺"为基础的原始分类为主。法兰西百科全书编纂家樊尚编的《大宝鉴》80卷是这一时期的代表作。中世纪后期的百科全书受F.培根的知识分类的影响，科学分类法逐渐成为百科全书框架设计的基础。③现代百科全书。18世纪以后，百科全书进入了现代发展时期。西方现代百科全书的奠基人是法国哲学家D.狄德罗，以他为首的法国百科全书派在1751—1772年编纂出版了闻名世界的《百科全书，或科学、艺术与手工艺大词典》28卷。

现代百科全书具有两个新的特征：一是强调百科全书的启蒙作用，以现代真正的科学知识启偏见和愚昧之蒙；二是突出百科全书的检索功能，即工具书的作用，接受了词典的字母顺序编排法。

现代百科工具书主要有以下系列。❷

---

❶ 易靖涵. 中美百科全书比较研究[D]. 郑州：郑州大学，2010：1-3.

❷ 常政. "百科热"中话"百科"——谈百科工具书的系列化问题[J]. 出版工作，1985（11）：6-9.

①综合性百科全书：包括大型的（30～40卷）、较小型普及性的（3～10卷）、少年儿童的和综合百科词典（一般为单卷本）等。

②专业性百科全书：包括包学科性专业百科全书（学科宽窄不一，如科学技术百科全书的学科范围就很广，而天文学百科全书的学科范围则较窄）、专题性百科全书（如芭蕾舞、烹饪等）和专业百科词典（也称专科词典）。

③地区性百科工具书：内容局限于一个国家、一省、一市或者有特殊意义的地区的百科全书（如苏联各加盟共和国的百科全书、苏联的《莫斯科百科全书》和英国的《伦敦百科全书》等）。

④百科手册：各种实用性的百科工具书。

⑤百科年鉴：分为综合性百科年鉴和专业性百科年鉴。

⑥其他百科资料性工具书：它们是百科工具编纂过程中的副产品，如人名词典、组织机构词典、史实年表和事实数据性资料书等。

（1）《中国大百科全书》综合集成平台

我国于1978年开始编纂的《中国大百科全书》是我国第一部综合性的百科全书，也是我国百科全书事业的代表作。1993年8月，《中国大百科全书（第一版）》74卷横空出世，覆盖哲学、社会科学、文学艺术、文化教育、自然科学、工程技术等66个学科，共收77 859个条目、12 568万字，成为可与《不列颠百科全书》相媲美的鸿篇巨制。1995年，国务院批准《中国大百科全书（第二版）》立项编纂，并列入"九五""十五"国家重点图书出版规划和国家重大出版工程。第二版于2009年3月正式出版，是第一版的修订重编版，也是面向21世纪反映国家科学文化水平的新一代百科全书。

随着数字化时代来临，世界各国的百科全书编纂方式发生巨变，网络百科全书成为知识话语权的新高地，作为国务院持续支持的国家级大型出版项目，《中国大百科全书（第三版）》聚焦网络版。《中国大百科全书（第三版）》是数字化时代的新型百科全书，是基于信息化技术和互联网进行知识生产、分发和传播的国家大型公共知识服务平台，是中国当代最大的出版工程和最全面广泛的文化基础性工程。版权所有为中国大百科全书出版社。《中国大百科全书（第三版）》知识领域覆盖教育部学科目录中所有的13个

2 工具书资源的基本类型、布局和发展趋势

学科门类、111个一级学科，包括专业板块、专题板块和大众板块。参与编纂工作的全国各领域的专家学者达3万余人，其中两院院士300余人，学部委员30余人。

根据国务院批复要求，打造数字化编纂平台，纸质版和网络版两版同时进行，实现纸网互动。《中国大百科全书（第三版）》是新形势下构建中华民族优秀文明、提升国家整体文化形象、反映当代科学知识水平的重大基础性出版工程，是把握国家话语权、提升文化软实力和构筑社会主义核心价值观的标志性工程，也是规范标准知识、维护文化安全、革新传播方式的创新性工程。

《中国大百科全书》数据库（访问地址：http://h.bkzx.cn/）完整收录《中国大百科全书（第一版）》《中国大百科全书（第二版）》数据，学科体系搭建完善，其内容包含14万个条目、2亿文字量、100万个知识点，以及其他权威数据。其中，第一版按学科分为自然科学、人文与社会、工程与技术、农业与医药四类，又按知识领域细分成74卷，共收7.8万个条目，5万幅图片，计1.26亿字；第二版按字母顺序分成32卷，共收条目约6万个，约6000万字，插图3万幅，地图约1000幅。《中国大百科全书》具有以下功能特色：①知识分类体系完善，按内容形式分为图片（图片及地图）、人物传记、大事年表、文本信息等类型，按主题分为国家馆、人物、历史今日、大事记等不同主题，如图2.3.3.1所示，各类别下按字顺、地区、时间、学科等再详细划分，方便用户快速定位目标信息。②多媒体手段使内容呈现更生动，如图片、视频、时间轴、日历表等形式方便用户浏览和查询。③数据库提供了完善的检索手段，包括全文检索、学科分类检索、逻辑关系检索等。其中，附录部分包含《中华人民共和国法定计量单位》《中国历史纪年表》《全国重点文物保护单位名单》《国家级非物质文化遗产名录》《世界遗产名录》《常用非法定计量单位与法定计量单位的对照及换算表》《数学符号表》；大事记包括《世界大事年表》《中医学大事年表》《中国历史大事年表》《中国文学大事年表》《交通大事年表》等41个大事年表。

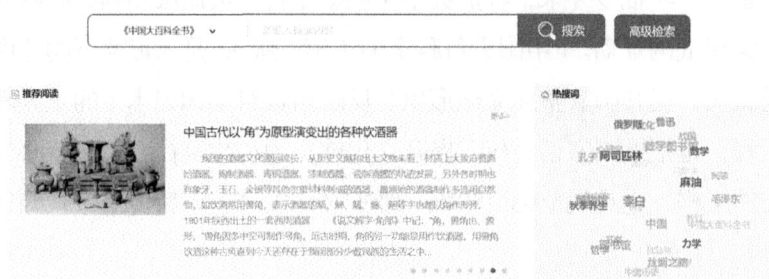

图 2.3.3.1 《中国大百科全书》数据库首页

《中国大百科全书》具有综合发展的新格局,在综合性、专业性百科全书出版领域,打造了以《中国大百科全书》为核心,包括 400 多种综合性百科全书及专业专题百科全书的产品集群;围绕百科科普,形成了原创儿童百科产品线、DK 百科产品线、科普知识读物三条优势产品线。积极创新编纂理念、出版手段、传播方式,组织动员各方力量统筹推进纸质版、网络版及外文版的编纂出版。人工智能应用,百科机器人的问世,促使中国大百科全书出版社将百科资源与人工智能结合,以多元立体方式对百科发展之路进行积极探索和大胆尝试。在国际合作上,中国大百科全书出版社与美国不列颠百科全书公司、美国世界图书出版公司、澳大利亚 GATEWAY 公司等海外合作伙伴就国际出版合作、中国百科产品"走出去"进行了深入的探讨,碰撞出了一些新的合作模式,开辟了国际化合作、融合发展的新道路。在第 25 届北京国际图书博览会上,中国大百科全书出版社与德国施普林格·自然集团签约,开启《中国大百科全书·机械工程》(英文版)的出版工作。

(2)《法国拉鲁斯百科全书》(*Larousse Encyclopedie*)

《法国拉鲁斯百科全书》(彩图中文版)(共 10 册)是法国综合性百科工具。1959—1964 年拉鲁斯出版社出版 10 卷本《大拉鲁斯百科全书》。21 卷本《大百科全书》于1971—1976年问世，1981年又出版1卷补编。总编辑为C.杜波伊斯。全书收条目8000余个，按字母顺序排列，是一部条目整齐、知识系统、教育作用强的百科全书。《大拉鲁斯百科全书》和《大百科全书》可谓两部互补性强的姊妹篇，继承了《法国拉鲁斯百科全书》传统编纂特点：突出法国历史、社会等情况的介绍；编辑技巧娴熟，版面生动，装帧上乘；释文通俗流畅，文字简练，具有拉鲁斯风格；插图精美，有许多彩图属美术艺术名作的复制品。《大百科全书》提供将近8000名专家撰写的8000篇文章，涵盖人类文明主要领域的一般概念、文化个性、地理位置、事件、时期等完整而准确的表述。拉鲁斯出版社是法国历史最悠久的百科全书和词典出版社，以质量和严谨为价值观，追求信息的精确性、可靠、客观、尽可能全面，对写作、图片和编辑作品的整体质量有着永久高追求。在创建150多年的今天，拉鲁斯出版社每年出版400多个新产品和多媒体作品，以保持其活力和创新性。

《法国拉鲁斯百科全书》网络版（访问地址：www.larousse.fr）以多样化搜索和浏览方式展示了形式丰富的资源。①多样化资源，包括词典、在线课程、转换工具、百科全书条目、菜谱、论坛、游戏、报纸、图书等，提供13.5万个定义、9万篇文章及9.2万个同义词。②完整且多元的分类导航，首页主导航根据资源类型划分为法语词典、双语词典、百科全书等9个模块，如图2.3.3.2所示；图书模块内用户可按主题、实用类别浏览，主题划分为字典与辅助工具、文学散文和小说、青年和休闲读物3个类别，实用类别为个人生活、家庭、游戏类、健康与幸福、园林与动物、游戏类等。③网站中作者按名称字顺排序，提供图片、简介和相关书目。④开放索引可供浏览，法语术语，包括法文字典和法式共轭，双语词典索引包括法语—英语、法语—西班牙语、法语—德语、法语—意大利语等10种，百科全书索引包括国家、人物、文学、艺术品等20类。

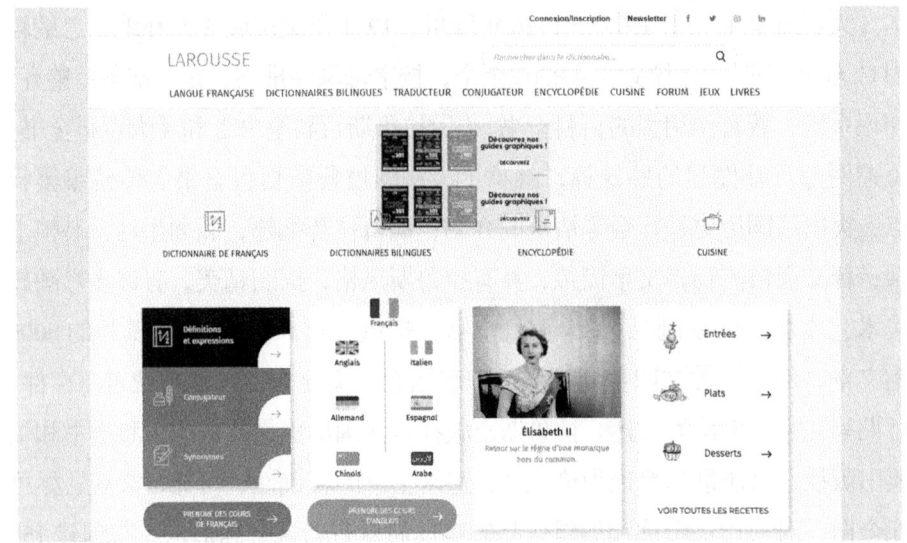

图 2.3.3.2 《法国拉鲁斯百科全书》网络版首页

《法国拉鲁斯百科全书》目前推出手机和平板电脑端的多种应用程序,丰富词典的使用情景和服务人群,增强其实用性、趣味性和教育功能。①法语词典:提供输入词的拼写、同义词、语法、词缀等详细信息,数据库包含135 000 个定义、14 万个同义词和反义词、34 000 个解释表达、6000 个词性变化;②英法字典:提供 25 万个单词和 40 万个释义的参考字典,借助按主题组织的 1400 个基本音频短语的旅行短语手册,服务于旅行即时翻译需求;③拼字游戏:提供 40 万个解字游戏,提升法语学习的乐趣性;④拉鲁斯初级字典,适用于 8～12 岁儿童的百科全书词典,提供字典、备忘录卡、时间轴、游戏和 3D 地图集等功能。

拉鲁斯网站可不登录免费搜索和浏览,但获取独家内容需创建账户并购买图书资源,创建个人账户可访问声音片段及音频发音、会话指南、童谣、互动测试和联系、主要英语考试场景模拟、多种图画书等资源;创建教师账户可访问 100 多个教育书籍列表。根据网站服务条款❶,拉鲁斯出版社是网

---

❶ Larousse. Conditions générales d'utilisation [EB/OL]. [2020-11-09]. https://www.larousse.fr/infos/cgu.

站结构和内容（文本、徽标、图像、声音元素、软件、图标、布局、数据库等）的知识产权唯一所有者，或者已定期获取权利允许对网站的结构和内容进行操作，而没有任何限制。授予用户使用其网站的权利，以满足其严格的个人或组织需求，但不包括任何有利可图的用途，特别禁止以任何方式和出于任何目的复制、展示、修改和或使用结构的全部或部分。除非事先获得拉鲁斯出版社的书面授权，不得复制、展示、改编、翻译和/或部分或完全转换该网站的内容及提供下载的资源，或将其转移到另一个网站。

（3）《劳特利奇在线哲学百科全书》

《劳特利奇在线哲学百科全书》（*The Routledge Encyclopedia of Philosophy Online*，REP Online，访问地址：https://www.rep.routledge.com/about/about-rep）是用于研究哲学及相关学科的动态在线资源，拥有超过2700余篇文章，总编辑是剑桥大学哲学系主任蒂姆·克瑞恩（Tim Crane），编辑团队由30多个学科的专家组成，确保了内容的高水平和一致性，且每年都会更新平台的材料，被誉为业界权威资源。全书共计2054条款目，每条款目500～1900字，按字母排列编成9册，第10册为索引；所有款目划分为指引型、主题型、传记型3类，主题型及传记型的款目后均有一简明要览，同时也提供可参考的书目资料；传记型的款目下又列有该哲学家的主要著述。各款目间有详尽的参见、互见，使相关款目能相互参照。《劳特利奇在线百科全书》按主题领域明确组织内容，从美学、形而上学、道德哲学到历史哲学、东方哲学和宗教哲学，展现了哲学领域主题无与伦比的广度和多样性，包括世界哲学（如佛教、印度教）和中国哲学，以及新的前沿哲学领域（如生物学哲学、物理与实验哲学），提供最权威、最前沿的获奖理论及主流发展趋势。提供超过25 000条链接使读者在主题与话题之间快速转换，是针对所有从事哲学研究的学术人员的最大、最全面的在线资源。

劳特利奇拥有150多年的出版历史，全面出版人文社科领域的图书，图书作者名单中包含一系列伟大的科学家、社会学家、哲学家、经济学家、文学家等，如罗素、爱因斯坦、玻姆、维特根斯坦、卡尔·荣格等，这些作者都是所处时代学术科研的标志性人物。劳特利奇出版的人文社会科学类图书涵盖语言学与文学、传播研究、艺术、博物馆与遗产研究、区域研究、经济、金融与商业、教育、发展研究、环境、地理学、法律、政治与国际关系、信息科学、社会科学、健康与社会保健、运动与休闲、旅游业与活动策划、行为科学、人文科学。

《劳特利奇在线百科全书》包括以下主要功能及特色：①多元分类索引开放浏览，首页提供根据话题、时期、地区和宗教浏览的分类，话题下包含美学、现象学、应用伦理学等18个次级分类，其间从5世纪到20世纪分为7个阶段，地区分为6个区域，宗教信仰包括佛教哲学、基督教哲学、印度教哲学、伊斯兰教哲学和犹太哲学5类，如图2.3.3.3所示。②个性化检索入口，首页提供热门阅读、最新文章、免费文章推荐3个检索入口，满足探索性查询任务需求。③检索结果筛选条件多样，可自由增删话题、时期、地区、贡献者、文章类型、状态、字顺等筛选条件，快速精准定位。④定期更新且可查询历史版本，《劳特利奇在线百科全书》由一组著名的主题专家进行编辑和交叉引用，并定期添加新的、修订的和替代的文章，较早版本是完全可搜索的，并且对所有用户免费。⑤阅读清单功能，为《劳特利奇在线百科全书》的丰富内容提供了更加个性化的角度，由著名学者（其中许多是《劳特利奇在线百科全书》贡献者）编辑，着重介绍了新兴主题或被忽略的主题的文章。

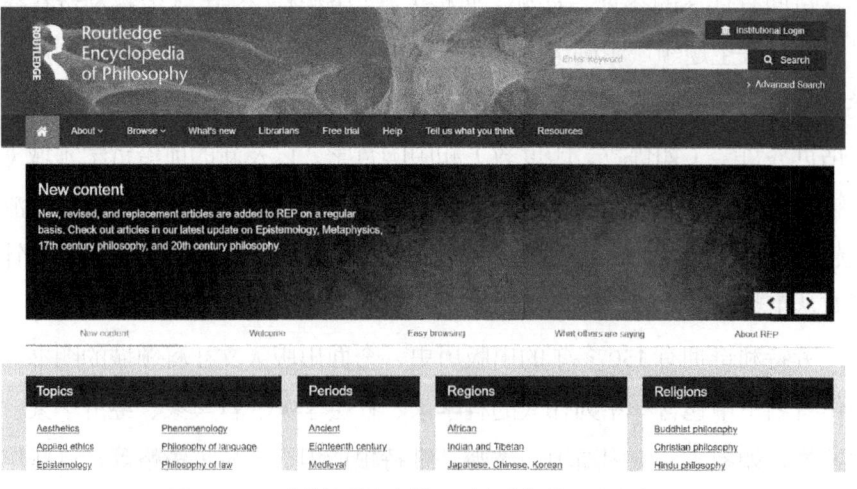

图2.3.3.3 《劳特利奇在线百科全书》首页分类索引

2 工具书资源的基本类型、布局和发展趋势

《劳特利奇在线百科全书》网站资源获取方式为成为注册用户并使用密码，只有注册用户才能访问该网站的某些区域，但文摘可以免费访问。《劳特利奇在线百科全书》数据库规定了以下使用条款及条件：①内容和材料中所有版权、商标、设计权、数据库权、机密信息或任何其他知识产权（统称为"知识产权"）的所有者或被许可人均是英富曼集团有限公司（Informa Group plc）。②许可个人使用（包括打印一份副本和下载摘录的任何内容）包含开放资料的任何页面，仅供个人参考或组织内部使用，不得以任何方式修改已打印或下载的任何开放资料的纸质或数字副本，并且不得将任何插图、照片、视频或音频序列或任何图形与任何随附的文字分开使用。③对于"高级资料"的使用还需遵守附加许可，该附加许可的性质和内容将根据所购买的"高级资料"类型以及作为个人或组织购买的方式而有所不同。"高级资料"在类型上包括："出版物"是指通过网络以硬拷贝形式出售的任何期刊、书籍或报告。"数字内容"是指用户获取并由网站以电子形式交付的任何内容，和／或授予用户访问网站上可用内容的任何权利。个人订阅仅限个人使用，作为团体、机构和公司成员进行授权后只能访问和使用团体、机构和公司购买的"高级资料"内容，并遵循相应的条款规定。"高级材料"包括出版物和数字内容。当网站通知社团和机构用户成为授权用户后，用户就能访问和使用由机构、公司或协会购买的高级材料。

（4）在线医药百科全书（Drugs.com）

在线医药百科全书网站（访问地址：https://www.drugs.com）是当今最受欢迎的、最大和最新的独立医学药物信息网站，为消费者和医疗保健专业人员提供独立、客观、全面和最新医药信息，目的是通过帮助患者减少用药失误，使患者具备更好的知识来管理自己的医疗保健并提高消费者安全性。消费者可免费访问由内部子数据库支持的超过 24 000 种美国食品药品监督管理局（FDA）批准的处方药和非处方药的综合目录和信息存储库，其高级功能可检索完整的《护理指南》《药物相互作用检查器》和《药丸标识符》。

在线医药百科全书数据库由四个独立的医学信息供应商提供支持：威科集团医疗卫生资讯平台（Wolters Kluwer Health）、美国卫生系统药剂师协会（American Society of Health-System Pharmacists）、塞纳卫生信息数据库（Cerner Multum）和IBM沃森循证药学数据库（IBM Watson Micromedex）。这些数据库资源汇总的单个药品（或药品类别）的内容由在线医药百科全书进行同行评审和发布。同时，在线医药百科全书还包含其他来源发布的健康信息内容：①哈佛大学健康刊物，包括哈佛健康主题从A到Z全部文章和《哈佛健康决策指南》，这些是由哈佛大学哈佛医学院的出版部门，利用9000名教职医生的专业知识提供的权威消费者健康信息；②梅奥诊所（Mayo Clinic），文章来自梅奥诊所的3300多名医师、科学家和研究人员的专业知识，内容包括定义、症状、原因、危险因素、并发症、测试和诊断、治疗和药物、预防和支持选项；③兽药数据库（Veterinary Product Database）是动物保健公司（Animalytics）发布的兽药纲要的在线版本；④最新新闻和美国食品药品监督管理局药物警告内容部分来自行业新闻稿、报纸、在线新闻站点和医学期刊及美国食品药品监督管理局。

在线医药百科全书网站由医药私营信托公司（Drugsite Trust）拥有和运营，该公司位于美国得克萨斯州达拉斯的数据中心内。医药私营信托公司是由两位新西兰的药剂师管理和经营的私营信托公司。2010年5月，美国食品药品监督管理局与该网站合作，将消费者健康更新内容发布到Drugs.com网站和手机平台上。该网站向广大消费者提供24 000多种处方药、不需处方可直接销售的药品和天然产品的准确而独立的信息，但提供的这些信息仅作为教育用途，不能作为医药建议、诊断或治疗。同时该网站免责声明中强调，在线医药百科全书不是在线药房，不允许没有处方就通过互联网销售处方药，该网站只是提供免费的药物信息服务，以帮助消费者更好地了解药物的工作原理、用途、不良反应及与其他药物相互作用的潜在反应；有关在线购买处方药的信息，用户可访问美国食品药品监督管理局（FDA）提供的在线购买处方药的指导信息，即消费者健康指南（A Consumer Safety Guide）。

在线医药百科全书网站具有以下主要功能及特色：①一站式跨库检索，高级搜索支持内容类型选取，包括消费药品文件、专业药物文件、新闻文章、新药批准、临床试验结果、美国食品药品监督管理局药物警示、互联网结果、患者护理指南、天然产品、药物图片和药品相互作用，搜索结果内容和形式多元化。②提供药丸标识器功能，输入药丸上的印记代码、选择颜色和形状或者按药品名称或美国国家药品编码（National Drug Code，NDC）进行检索，搜索结果包含图片、剂量、类别、孕期能否使用、供应商、非活性成分等详细信息。③提供药品相互作用检查器功能，包括对药物相互作用、药物与食品或饮料相互作用、药物与疾病相互作用3种类型的检索，用户可添加多个药物名进行筛查，搜索结果包括消费者及专业意见、相互作用说明及管理建议、参考文献、治疗重复警告，网站将相互作用分为重大、中等、次要和未知4个等级。④辅助工具类包括症状检查器、用药记录、行动应用程序、药品印记代码、社区支持和比较药物等实用功能。⑤索引开放浏览和检索入口，首页提供按字顺、按站点、按主题检索或浏览入口，如图2.3.3.4所示。

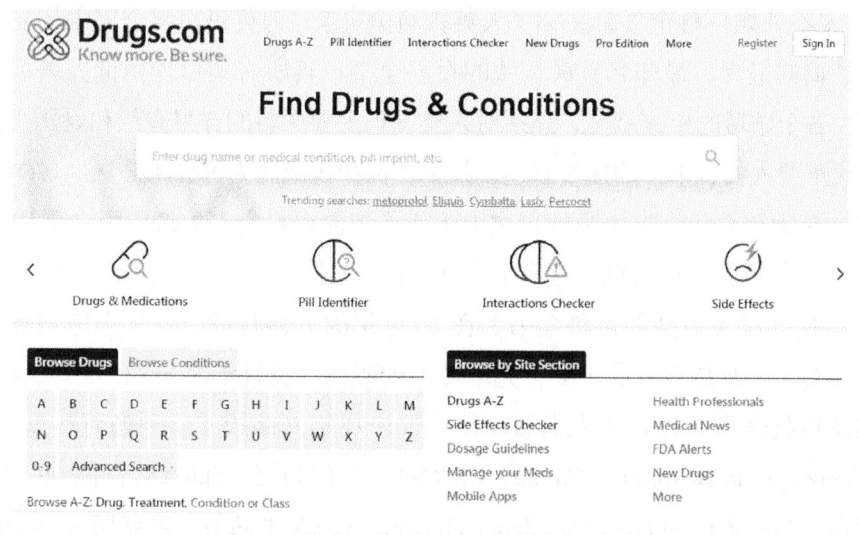

图2.3.3.4　在线医药百科全书网站首页

需要指出的是，在线医药百科全书不隶属于任何制药公司，该网站从制药公司获得的唯一资金是通过出现在在线医药百科全书网站上的广告来实现的。该网站提供的广告类型包括：展示广告（横幅和贴片广告）；Google AdSense 文字或图像广告；赞助商内容或原生广告或链接。

在线医药百科全书网站规定了如下使用条款及条件：①该平台服务器上的各个文档可能具有不同的版权条件，这些条件将在这些文档中予以注明。除非协议允许，否则严禁用户复制、重新分发、使用或发布任何此类事项或网站的任何部分。②用户被授予有限、个人、非排他性、非商业性的许可，以查看、打印或下载该网站上的内容、图形、表格或文档，但仅供个人使用，不得用于任何商业目的、商业利益或私人金钱补偿。③该网站的任何页面均不得以任何方式复制、传输、构建、再发布、商业化、再分发或合并到任何其他网站或者电子或机械信息检索系统中，但可下载以下内容的一个副本。在保留所有版权和其他所有权声明不变的情况下，在任何一台计算机上查看的资料仅可用于个人的非商业用途（但不得转售或再分发）。❶

（5）《不列颠百科全书》（*Encyclopedia Britannica Online*）

《不列颠百科全书》又称《大英百科全书》，为英语百科全书中历史最长、篇幅最大、最知名且最权威的百科全书；其所有条目均由世界著名学者、各个领域的专家撰写，囊括对人类知识主要学科的详尽介绍和对历史及当代重要人物、事件的翔实叙述，其学术性和权威性为世界所公认。1768—1771 年大英百科全书出版社首次出版《不列颠百科全书》纸质版，平均 13 年出一个新版，历经两百多年修订和再版而不断完善。20 世纪 50 年代到 90 年代初是《不列颠百科全书》在 20 世纪的全盛时期，每年全球销售数十万套，以及数百万册年度补充本《不列颠世界资料年鉴》。1993 年，《不列颠百科全书》发行了光盘版。此后，1994 年网络版《不列颠百科全书》（*Encyclopedia Britannica Online*，EB Online）作为第一部网络百科全书正式发布，访问地址为 https://academic.eb.com/levels/collegiate。网络版《不列颠百科全书》除了包含纸质印本的全部内容外，还覆盖了最新文章以及大量纸质印本中没有的文章，数据库每周更新一次。网络版《不列颠百科全书》提

---

❶ Drugs.com. Terms and Conditions［EB/OL］.（2022-07-06）［2023-03-15］. https://www.drugs.com/support/terms.html.

2 工具书资源的基本类型、布局和发展趋势

供的检索词条达 100 000 多条,并且网络版为考虑用户新需求提供了多类型资源,收录了 24 000 多幅图例、2600 多幅地图、1400 多段多媒体动画音像、超过 120 000 个优秀网站链接等丰富内容。网络版《不列颠百科全书》网站每月世界访问量超 20MB。出版社顺应时代发展,于 2021 年停止发行纸质版。《不列颠百科全书》网络版首页见图 2.3.3.5。

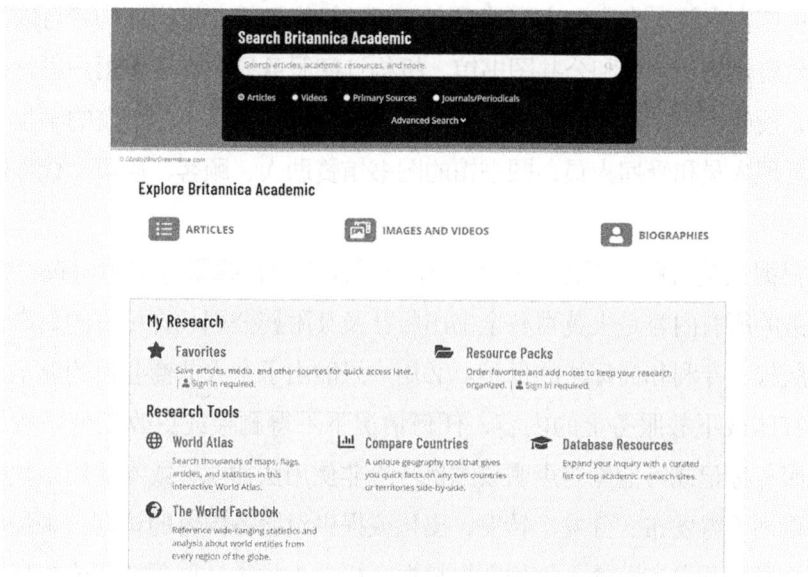

图 2.3.3.5 《不列颠百科全书》网络版首页

目前《不列颠百科全书》网络版包含所有大英百科全书出版社出版的参考工具书。《不列颠百科全书》网络版保持了独特编辑程序的核心能力,同时成功发展数字化增值的新时代优势,特别是在线提供高质量内容的能力,加强与机构客户联系。❶ 具体来看其特色功能及优势:①专业化的条目编辑核对程序,100 名拥有学术资格的专职编辑和 4000 多名知名撰稿人队伍及多年积累下的编辑经验,保证条目编辑的高质量;②海量数据及多元种类,

---

❶ 孙忠. 侵蚀与抵抗:数字时代传统出版社的突围——以大英百科全书为例[J]. 出版发行研究,2010(6):68-73.

大数据时代的工具书资源及知识产权保护

1000个内容类别，超1MB页面内容，提供音频、视频、文本、图片等多形式内容；③高质量在线信息，严格的事实核对和编辑审查保证信息可靠性，超过3000的专家贡献者提供更专业知识；④个性化服务和更富乐趣的板块，首页提供神秘故事浏览、根据日期浏览历史事件、按人物浏览相关传记、主题图片浏览、清单列表浏览及知识测试等功能。

关于资源获取和网站访问方式，大英百科全书出版社提供三种访问服务方式：广告支持、个人和家庭消费者订阅及机构订阅。机构订购者可以是企业、政府机构、学校和公共图书馆。机构订阅服务只允许授权用户进行远程访问，授权用户指企业和政府机构的雇员、代理商或代表，学校的学生、教员、管理人员和受雇人员，图书馆的图书馆赞助人、顾客、雇员、代理商和代表。

根据大英百科全书出版社服务和应用程序的在线服务使用协议可知❶：①服务的所有内容是大英百科全书出版社及其附属公司或许可方的财产，受国际版权、专利和商标法的保护。②用户只能出于个人非商业目的显示、复制、打印或下载服务上的内容，任何情况下不得删除或更改任何版权、商标、服务标记或其他专有声明或图例。除非使用法律允许或本使用条款中所述，否则不得发布、分发、转发、出售或提供对服务内容的访问。未经明确书面许可，不得在网站上使用数据挖掘、机器人收集、屏幕抓取或类似的数据收集和提取工具；不得反编译、反向工程或反汇编可访问的任何软件、产品或操作过程，不得插入任何代码、产品或以任何影响用户体验的方式操纵服务的内容。③用户在服务中发布提交的评论、音频、视频、文本或其他材料的版权均归用户所有，并对其负责。

（6）维基百科（**Wikipedia**）

维基百科是一个以自由内容和自由编辑为特色的百科全书项目。2001年1月15日正式上线，是目前全球互联网中最大且最受欢迎的参考工具书

---

❶ 大英百科全书出版社. 适用于所有Britannica网站，服务和应用程序的在线服务使用协议（"使用条款"）[EB/OL]. [2020-11-05]. https://corporate.britannica.com/termsofuse.html.

网站，目前发布 300 多种语言翻译而成的 5100 万余篇文章，其中英文文章超过 660 万篇。维基百科由非营利性的维基媒体基金会负责运营，其管理者和编辑群体由来自世界各地的志愿者组成。与传统百科全书相比，维基百科是一种基于互联网社区空间的开放式互动工具书，具有全新运作模式和知识交流方式。除少数避免被破坏而限制编辑行为的文章外，维基百科中的大部分文章都允许任何一位互联网用户在遵守其方针指引的前提下对条目进行浏览、创建、评议、更改、置换等操作。❶ Web 3.0 时代，这种调动大众创意和能力的在线协作模式日益成为一种广受欢迎的内容生产方式，扁平化的自组织人群可以协作生产海量的信息内容。❷ 在其影响下，诞生了众多活跃的用户协作和开放编辑的网络平台，如我国的百度百科和互动百科等。❸

维基百科是建立在 Wiki 和 GNUFDL 技术之上的百科全书网站系统❹，区别于用户只能浏览信息的网站集中发布模式（Server/Browser），任何人都可以对看到的网络页面编辑且编辑结果为其他人可见，这种可擦写页面就应用了 Wiki 技术。从本质上，Wiki 是一种基于网络的协作式写作技术，其没有版权限制，100% 开放源代码。Wiki 技术通过文本数据库或关系型数据库实现版本控制，因此可随时找回历史编辑版本并进行对比，从而使多人协作成为可能，同时保证存储的信息内容不会被用户随意彻底删除。Wiki 技术简化了传统信息发布流程，提升普通用户的参与感和创作热情，加快了知识更新速度。

与传统百科全书相比，维基百科具有如下特征：①高度开放互动，维基百科借助互联网技术背景，从条目创建、内容撰写到更新修改等用户都可合作参与，且维基百科检索系统连接了百科全书内部、维基相关项目及整个互联网的信息内容，其高度开放性和互动性为用户加深某领域知识探索提供渠道；②观点中立，自由平等，可实现知识自由交流与沟通；③挑战权威，尊

---

❶ 付巧. 维基百科检索系统研究 [J]. 图书情报工作，2016，60（23）：143-148.

❷ 左中虎. 基于维基百科的在线协作模式的研究 [D]. 北京：北京邮电大学，2019.

❸ 高海燕. 大学生使用百度百科和中文维基百科的调查比较——以南京高校为例 [J]. 科技情报开发与经济，2014，24（21）：124-126.

❹ 白崇远.《维基百科》的特性及影响 [J]. 辞书研究，2009（2）：67-72.

重每个人表达意见的权利；④免费共享，是全球范围内最大的免费百科全书，不需要注册或订阅，同时拒绝商业广告，用户体验极具亲和性；⑤完备性，由于用户可以自由参与编纂，条目内容被频繁修改，为方便数据恢复、促进条目内容质量提升和查看条目内容发展趋势，维基百科设置专栏记录编辑历史，通过编辑历史可建立相对完善的安全保护机制；⑥动态性，虽然即时发表、无集中的质量审查，但人人皆可进行质量检验，缩短信息更新周期；⑦完整的数字检索途径，维基百科检索系统分为基本检索和辅助检索两个模块，基本检索指首页提供的主题词检索、分类检索、字顺检索3种检索方式，以及特色内容、随机条目和时事动态3个检索入口，辅助检索包括参见系统、超文本链接、导航模块和参考书目，满足用户直接获取和拓展性阅读的多元需求。

维基百科运营遵循以下五大根本性原则：建立百科性知识库、保持中立的态度、营造开放的环境、互相尊重和不声称权威性。关于著作权保护问题❶，维基百科在其每个网页的下方都加上了其版权声明的链接，甚至就版权所有者申请使用权的书信格式也作了详细规定，并在免责声明中作出如下声明："请确认您了解到，您从这里所获得的信息都是自由、免费的，而且与任何人没有契约关系，无论是本站的使用者、所有者、服务器提供商、任何维基百科参与者个人、管理员，还是其他任何与本计划及相关计划有直接或间接关系的个人或团体。在一个有条件的许可之下，您可以从本站复制任何内容，但是维基百科或它的代理人、成员、组织者或其他用户都不承担任何责任。在维基百科的条目中所使用或引用的商标、服务标记、图案版权、隐私权或其他类似的权利都归其拥有者所有。将它们用于这里并不意味着您可以将它们用于其他地方。"

（7）《斯坦福哲学百科全书》（Stanford Encyclopedia of Philosophy，SEP）

《斯坦福哲学百科全书》（访问地址：https://plato.stanford.edu/）是由斯坦福大学运营的免费线上哲学百科全书，内容以经同行评审认可的论文为

---

❶ 郑文婷，文震宇. 从维基百科看工具书的变迁与发展[J]. 内蒙古科技与经济，2009（10）：132-134.

2 工具书资源的基本类型、布局和发展趋势

主。截至 2018 年 3 月,该百科全书在线上已有近 1600 个条目,每个条目都由该领域专家或专家组维护和更新,所有条目编辑和内容更新都必须在公开发布前由编辑委员会审核,因此,保持着较高学术水准。《斯坦福哲学百科全书》项目始于 1995 年 9 月,由斯坦福大学语言和信息研究中心(CSLI)创办,其运作目的为提供一部时常更新且不会像传统的纸本百科全书一样过时的互动式百科全书,并允许作者就同一议题提出不同见解。《斯坦福哲学百科全书》最初由美国国家科学人文基金会和国家科学基金会资助运作,为了维护百科全书的开放获取性,斯坦福大学拟定了一项长期募资方案,并获得许多大学图书馆与图书馆协会的支持。

《斯坦福哲学百科全书》具有以下主要功能:①《斯坦福哲学百科全书》支持目录浏览查询信息,将有关哲学的主题依字母顺序来排列,条目之下有对该主题概念的介绍、应用、参考书目、其他网络上相关信息网页,以及有关的概念或主题等,条目包括哲学人物、事件、人物、流派等,如图 2.3.3.6 所示。②提供该百科全书的所有版本档案,归档后版本的内容不会更新或修改,可用于引用目的,只能在斯坦福大学的主要网站上搜索整个档案,在镜像站点搜索只能搜索最近 8～10 年的档案。③发布作品的时间顺序年表,记录主题研究发展脉搏且方便用户浏览书目,如图 2.3.3.7 所示。

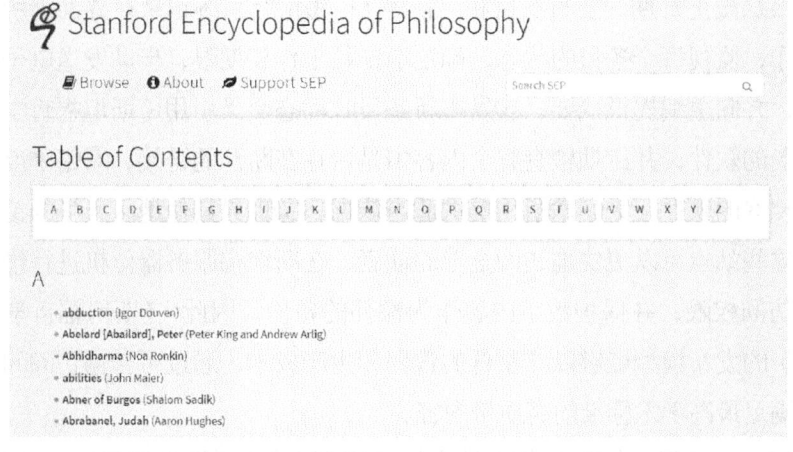

图 2.3.3.6 《斯坦福哲学百科全书》目录浏览页面首字母索引

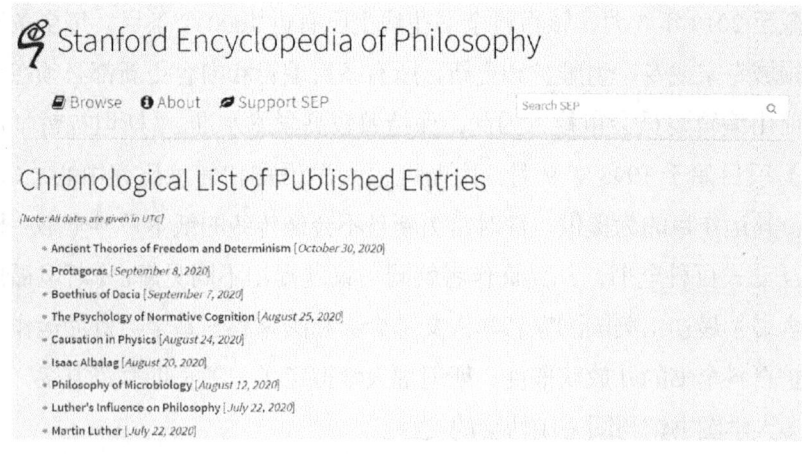

图 2.3.3.7 《斯坦福哲学百科全书》已发布作品的时间顺序年表

《斯坦福哲学百科全书》的内容发布和开放访问模式极具独特性和实用性，主要功能包含：①受密码保护的作者页面允许下载条目模板、提供私人草稿以供审阅，以及远程编辑和更新条目功能；②各主题的编辑由密码保护的界面，允许其添加新主题、委托新条目、裁判未发布的条目和更新（原始版本和更新版本并排显示，并突出显示差异）及接受或拒绝条目和修订；③供主编辑使用的安全 Web 服务器，通过该服务器可以用很少的人员来管理整个协作过程（主编辑可以添加人员、添加条目、向编辑分配条目、发出邀请、跟踪截止日期、发布条目和更新等）；④跟踪系统记录在界面上所采取的操作，监视每个条目的状态，确定谁拖延工作和期限，自动发送电子邮件提醒，并向主编提供摘要；⑤发布新条目时动态交叉引用《斯坦福哲学百科全书》的软件，并定期检查整个内容中是否存在断开的链接；⑥每季度自动创建档案的软件，为学术引用提供适当依据；⑦世界其他地区大学的镜像站点，这些站点可以更快地访问全球的读者，在斯坦福服务器停机进行维护时提供访问权限，并保护数字内容作为额外的备份。因此，《斯坦福哲学百科全书》的发布模型能够以非常低的管理和生产成本，通过可普遍访问的媒体提供满足最高学术标准的高质量内容。

网络上可用的其他大多数百科全书库项目缺少《斯坦福哲学百科全书》

的某些动态和学术功能,具有如下局限性:①成本高昂,而且在订阅墙后面对于搜索引擎是不可见的,因此对学者和公众没有太大用处;②没有能够在发布之前筛选新条目和更新并确保条目对新研究作出响应的管理系统;③不允许作者或编辑直接与服务器联系以更新或裁判条目的内容;④缺乏一个稳定、学术性引用的档案系统(当条目发生变化时,旧内容就会丢失,对先前内容的任何引用或引用都无法验证);⑤缺乏以大学为基地的咨询委员会来审查其编辑委员会的成员。因此,《斯坦福哲学百科全书》的模型可以代表一个独特的数字图书馆概念:学术动态参考著作。具有动态学术意义的参考文献与学术期刊有所不同,因为学术期刊:①通常不会更新其发表的文章;②并非旨在发表有关一组广泛主题的文章,而在大多数情况下,出版由该行业成员随机提交的文章;③并非旨在相互参照并在他们发表的文章中使用的概念之间建立联系;④通常只为一小部分专家提供服务;⑤不必处理更新、裁判和跟踪单独截止日期的异步活动,因为是在时间表同步的状态下发布。

每一位在该百科全书上发表文章的作者均同意将作品的出版权让与斯坦福大学,但作者仍可保有著作权。《斯坦福哲学百科全书》的权利本身由斯坦福大学的形而上学研究实验室持有。斯坦福大学的董事会授予每个人免版税的非专有有限许可,以阅读、下载、制作副本、打印、搜索或链接到完整的《斯坦福哲学百科全书》每个条目的文本,通过每个条目以进行索引(受合理的网络使用限制),并且仅在允许的情况下分发每个条目,前提是该分发的目的是非商业性的。用户享有有限的电子发行权:可以通过电子方式将《斯坦福哲学百科全书》条目分发给用户拥有和控制的计算机和移动设备;只能通过私人电子通信将《斯坦福哲学百科全书》条目通过电子方式分发给其他人,包括用户与个人之间的通信,以及与封闭、仅限邀请的个人组的通信,前提是该组人数不超过 30 人。用户只有在《斯坦福哲学百科全书》条目作者事先书面许可情况下,才能在固定介质(如 CD-ROM)上分发打印副本。

(8)《互联网哲学百科全书》(*Internet Encyclopedia of Philosophy*,IEP)

《互联网哲学百科全书》成立于 1995 年,以开放的方式提供有关哲学各个领域的重要主题和哲学家详细的、学术性、同行评审的信息。《互联网哲学百科全书》没有获得任何资金，通过编辑、作者、志愿者和技术顾问的工作来运作。百科全书的文章是为了让哲学专业的高校本科生和其他不在这篇文章所涵盖的领域工作的学者能够理解这篇文章的大部分内容。《互联网哲学百科全书》的文章是由专家撰写的，但不是为专家撰写的，这与《科学美国人》杂志由科学专家撰写的方式类似，但主要不是为科学专家撰写的。目前，《互联网哲学百科全书》每月有超过100万的访问者，每年的访问量约为2000万人次。该百科全书是免费的，并且可供全世界所有用户使用。该百科全书的30名编辑人员和大约300名作者拥有博士学位，并且是世界各地大学的教授。从功能上看，《互联网哲学百科全书》提供按主题浏览和按首字母索引浏览两种方式，如图2.3.3.8所示。书目详细页提供目录、书目全文、相关概念或人名链接、总结性标题、初级文学资料（包括图书、选取的文章、收藏集合）、中级文献、相关传记、作者信息等。

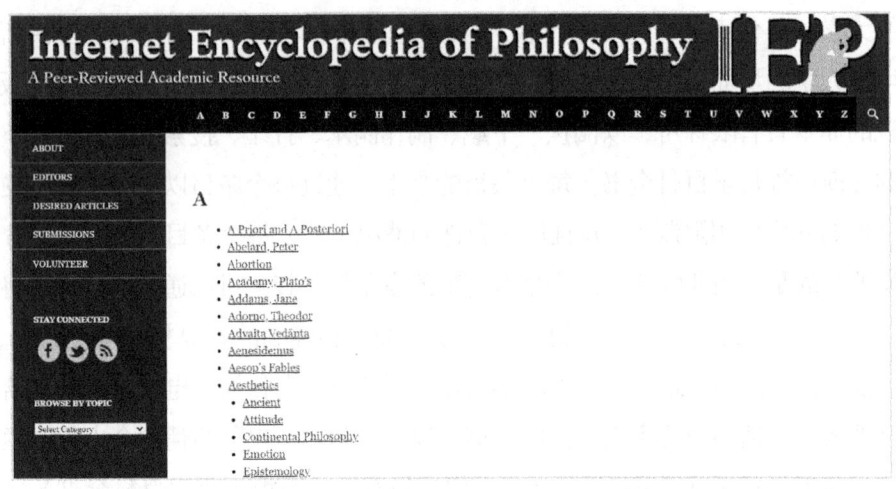

图2.3.3.8 《互联网哲学百科全书》字顺索引及主题浏览

《互联网哲学百科全书》文章的提交和审阅过程与印刷哲学期刊、书籍和参考书相同。作者是相关撰写领域的专家，经常是权威机构。专家根据严格的标准对提交的内容进行同行评审,同行评审过程严格且符合较高的学术标准。具体来说,作者提交文章给特定的《互联网哲学百科全书》区域编辑,编辑对其整体质量作出初步判断。然后,区域编辑将有前途的意见发送给合格的裁判,通常每篇文章有两名裁判。区域编辑评估来自裁判的评论,决定是否发布,并向作者发送推荐。大多数提交都以其形式或实质进行了修订。在某些情况下,需要进行更多轮的修订,有时由于修订不足,必须拒绝输入。因此文章质量与印刷版中最好的多卷哲学百科全书处于同一水平。虽然在百科全书上发表的文章可能具有某个主题的原始呈现或评估,但其主要功能是调查其领域,不直接等同于主要功能是扩大其领域的期刊文章。在某些情况下,期刊仍会不时发布或委托不旨在推动该领域发展的评论文章,并且《互联网哲学百科全书》文章可被视为与此类评论文章具有可比性。

《互联网哲学百科全书》是一种免费获取的非营利性资源,不会以任何方式获利,如通过重新发布文章或通过对其文章的访问收取费用或通过发布广告。《互联网哲学百科全书》的任何职工都不会因互联网哲学百科全书的任何工作而获得任何经济补偿。营利性组织不会在《互联网哲学百科全书》中拥有任何财务权益,营利性组织也不能在《互联网哲学百科全书》中做广告。

2.3.4 年鉴类工具书资源

年鉴是一种全面记述事业的年度发展,系统汇集年度重要时事文献信息,逐年编辑、连续出版的资料工具书,多为国家和地方政府主管部门、科研单位、学会等单位所编。年鉴是一种具有编年史性质的出版物,以事实为依据,通过对大量原始信息、文献进行严格筛选,整理加工,最后以高密度的方式将各种信息、情报传递给读者,条目、综述、专文由该学科专业领域的专家拟定或审定。在年鉴出版领域,我国通行做法是按编纂主题的隶属关系划分为中央级年鉴、地方年鉴、企业年鉴、大学年鉴等;按学理划分,一般分为综合年鉴、专科(学术)年鉴、专业(行业)年鉴、地方年鉴、统计年鉴5类；从使用角度一般划分为政府年鉴、行业年鉴、学科年鉴、统计年鉴和百科全书年鉴。国外综合性年鉴，多数由大的通讯社、报社、出版社出版，其资料、文献、数据大都来自报刊、政府公报或统计部门。在查考、核对、引用时，年鉴往往被认定是一种层次高、规范性强的权威性工具书。

年鉴起源于西方，西方年鉴史研究认为年鉴由历书演化而来。16世纪中期，西方历书开始由主要记录天文、气象、星占术等转向兼容宗教、医学、法律、实用知识和诗歌，具有现代年鉴雏形。18世纪以后，西方工业革命兴起，科学技术进步，印刷和传播技术提高，推动年鉴走向成熟。19世纪末20世纪初，外国年鉴传入中国；20世纪80年代以后迅速发展，年鉴生产能力大幅提高，种类、类型基本齐全，编纂规范和工艺基本与国际接轨，数字化和网络建设逐渐发展。❶

年鉴资料要求全面性、系统性、可比性、可读性和准确性。①全面性：统计指标和统计指标体系完善，统计数据公布范围完整，所涉及数据内容完整。②系统性：将收集到的大量资料，用科学方法进行精选精编、加工处理，使之系统化、条理化，反映社会经济特征。③可比性：不同历史时期、不同统计口径范围的统计数据具有可比性或便于调整，以利于进行动态研究。④可读性：满足读者需求，反映社会各界普遍关心的热点问题。⑤准确性：统计数据的准确性是统计工作的生命。❷从年鉴的主要特征看，年鉴整体构成容纳了多种类型的工具书要素，内容体系多元互补，集知识、信息、数据、资料于一身，一般包括特载、专文、纪事、法律规章、统计数据、文献汇编、二次文献、大事记、便览性或指南性资料、检索系统等。同时，年鉴以栏目作为容纳内容的基本单元，以条目作为表现内容的主要手段；框架结构一般都采用分类编排方法，习惯上把年鉴的梯级层次分类体系依次称为"篇目"（或"部类"）、"类目""分目"等。

---

❶ 李国新. 中国文献信息资源与检索利用［M］. 北京：北京大学出版社，2004：240-243.

❷ 马忠庚. 略论年鉴的功能与作用［J］聊城大学学报（哲学社会科学版），1999（5）：3-5.

2 工具书资源的基本类型、布局和发展趋势

（1）中国经济社会大数据平台（CSYD）

中国经济社会大数据平台（访问地址：https://data.cnki.net/，如图2.3.4.1所示）是中国知网统计大数据碎片化抽取与分析的应用产品，是集统计数据资源整合、多维度统计指标快捷检索、数据深度挖掘分析、决策支持研究和个人数据管理等功能于一体的汇集中国国民经济与社会发展统计数据的大型统计资料数据库，文献资源涵盖了我国经济社会发展的32个领域或行业，囊括了我国所有中央级、省级及其主要地市级统计年鉴和各类统计资料（普查资料、调查资料、历史统计资料汇编等），并实时出版了国家统计局及各部委最新经济运行数据进度指标16 830个、国民经济行业运行指标58 110个。

图2.3.4.1　中国经济社会大数据研究平台首页

中国经济社会大数据研究平台通过与中国统计出版社及各统计年鉴编辑单位合作，依托同方知网的网络出版平台，将中国境内的权威统计年鉴（资料）进行大规模数字化和整合出版，不仅集成了普通电子数据库的主要优点，每个统计报表还提供Excel格式下载，让统计数据的利用发挥最大的效益；更重要的是，它贴近社科类（尤其是经济类）用户的实际使用需求，基于数据挖掘分析技术IDMETM（Intelligent Data Mining and Extracting），针

大数据时代的工具书资源及知识产权保护

对用户的研究和决策课题,提供方便快捷的一站式数据分析服务。

从文献总量上看,数据库涵盖以下收录范围:①我国历年出版的统计年鉴(资料)不低于2332种、共21 597册,包括普查、调查资料和统计报告等统计资料771种、1909册,中央级统计年鉴(资料)种数收全率达99%。②我国仍在连续出版的193种统计年鉴全部收录,内容涵盖国民经济与社会发展各领域,全部统计类年鉴与资料囊括统计指标1350万个、统计数据3.6亿笔。③采集了国际银行、联合国教科文组织、经济合作与发展组织及各行业国际组织发布的年度统计数据。④收录了国家统计局实时发布的各种经济运行进度数据,累计达1300余万笔,弥补了统计年鉴资源出版滞后的缺点,为科研决策人员全力奉献最新、最权威、最有价值的社会经济热点数据。收录年限为1949年至今,各统计年鉴资料收录卷册完整率为97.8%,中央级统计年鉴收录卷册完整率为99.3%。中心网站版每周更新内容,镜像版、光盘版每季度更新出版。

中国经济社会大数据平台具有以下主要功能及特色:①完备的导航体系,整刊导航包括领域导航、地区导航、资料类型导航;推出单刊种统计年鉴合订本,在其特色编排栏目体系下,汇编各年度条目资料,为研究相同主题提供历史资料的汇编、展示各主题的发展脉络和动态变化。②创新统计指标体系,采用自主知识产权技术,将全部统计数据建成了"中国经济社会发展统计数据指标集",形成了4055多万个指标数据序列。指标跨度从1949年至今70多年,基本解决了不同年鉴中统计口径不一致的问题。③ VIP决策支持平台或CISD数据分析平台,利用决策分析技术(相关性分析、统计预测、科学评价、决策模型),支持指标数值的浏览和检索、对年季月度数据和各行业数据在线分析、各类指标数据的组配分析,可生成自定义的衍生指标。同时,提供统计地理信息系统,包括省、市、县统计数据或图形地图展示、多指标叠加分析、时态数据分析。用户可在该库中创建和管理自有的统计数据库,将自有数据与本库统计指标数据合并分析。④提供CAJ格式、PDF格式原文;并将统计年鉴的所有统计图表制成Excel表格,可通过表格名称和统计指标进行检索,可直接定位到某个统计表格进行比较

2 工具书资源的基本类型、布局和发展趋势

和运算,方便进行检索和统计分析;可将统计分析结果保存为Excel表格。❶

中国经济社会大数据平台出版的全部统计年鉴全文数据内容得到中国统计出版社独家授权。

(2)万得经济数据库平台

万得经济数据库平台(访问地址:https://www.wind.com.cn/Default.html)整合海量全球宏观和行业统计数据,具备强大的及时准确查找功能、分析数据和图像功能,支持在Excel动态提取数据,是经济学家、策略分析师、行业研究员必备的数据库系统。万得信息技术股份有限公司(以下简称"万得")是中国领先的金融数据、信息和软件服务企业,总部位于上海陆家嘴金融中心。在国内市场,万得的客户包括中国超过90%的证券公司、基金管理公司、保险公司、银行和投资公司等金融企业;在国际市场,已经被中国证券监督管理委员会批准的合格境外机构投资者(QFII)中的众多机构均是万得的客户。同时,国内多数知名的金融学术研究机构和权威的监管机构也是该数据库客户,大量中英文媒体、研究报告、学术论文等经常引用万得提供的数据。

在金融财经数据领域,万得已建成国内完整、准确的以金融证券数据为核心的一流大型金融工程和财经数据仓库,数据内容涵盖股票、基金、债券、外汇、保险、期货、金融衍生品、现货交易、宏观经济、财经新闻等领域,及时更新新的信息内容以满足机构投资者的需求。针对金融业的投资机构、研究机构、学术机构、监管部门机构等不同类型客户的需求,万得开发了一系列围绕信息检索、数据提取与分析、投资组合管理应用等领域的专业分析软件与应用工具。通过这些终端工具,用户可以从万得获取到及时、准确、完整的财经数据、信息和各种分析结果。万得紧密跟随金融市场日新月异的发展,不断向新的领域发展,向新的产品和服务战略延伸。

从万得经济数据库平台包含的资源数量及类型上看:①该数据库平台

---

❶ 华南师范大学图书馆. 中国经济社会大数据研究平台(CSYD)数据库详细信息[EB/OL].(2018-01-17)[2020-11-05]. http://lib.scnu.edu.cn/search/zhongwenshujuku/2018/0117/8354.html.

包含中国宏观数据,核心数据在发布 5 分钟内在终端展示,涵盖国民经济核算、工业、价格指数、对外贸易、固定资产投资等近 20 个领域,同时含有大量特色数据,如人民币国际化、利率市场化数据等。②全球宏观数据,来源国际货币基金组织、世界银行等国际组织及各国官方网站,种类上覆盖国民经济核算、国际收支、人口与就业、价格、金融、贸易、制造业、房地产等领域。③行业经济数据涵盖 21 个大类的行业数据,内容包括价格、产销量、进出口、库存、行业财务指标、重点上市公司经营业务等数据,来源包括国家统计局、海关总署、国家发展和改革委员会、商务部、工业和信息化部、农业农村部等部委及众多行业网站。④中国宏观预测汇集 20 多家国内知名机构及 10 多家海外机构的宏观预测数据,提供了近 20 项宏观指标月度和年度数据的机构预测值和实际公布值,可查看机构预测的明细数据和预测时间及多达未来四期的月度和年度预测。⑤全球经济日历可查看中国及全球重要经济数据公布时间和重大经济事件发生日期,选取的国家和地区覆盖面极广,把脉世界主要经济体冷热动向。⑥整合沪深股票数据库、中国债券数据库、中国泛基金数据库等数据库资源,提供一体化数据解决方案。

万得经济数据库以模块为单位订阅,每一模块包含金融市场数据,根据客户特定数据需求或明确的数据接口开发生成数据集合。资源获取途径包括金融终端和移动终端,客户端集数据下载入库、结果反馈和运行日志跟踪等各功能于一体。

根据万得服务使用条例,万得提供的网络服务中包含的任何文本、图片、图形、音频和视频资料均受版权、商标和其他财产所有权法律保护,未经相关权利人同意,均不得用于任何商业目的。万得因提供的网络服务而使用的任何软件(包括但不限于软件中所含的任何图像、照片、动画、录像、录音、文字和附加程序、随附的帮助材料)的一切权利均属于该软件的著作权人,未经该软件著作权人许可,用户不得对该软件进行反向工程、反向编译或反汇编。

(3)《方正中华数字书苑年鉴工具书》

方正阿帕比技术有限公司推出的《方正中华数字书苑年鉴工具书》是一

个专业性中文数字资源内容整合服务平台,收录了中华人民共和国成立以来大部分的图书全文资源、全国各级各类报纸及年鉴、工具书、图片等特色资源产品,旨在为图书馆、企业、政府等客户及其所属读者提供在线阅读、全文检索、离线借阅、移动阅读、下载、打印等数字内容和知识服务。《方正中华数字书苑年鉴工具书》收录400万册书目信息,250万册可供全文阅读的电子图书,700多种报纸,2000多种工具书,2000多种年鉴及30多万张艺术图片。该工具书库是一个以条目型数据为主体、检索为主要功能,以中国国内专业、权威工具书资源为主体的全文检索型数据库产品,收录有近2000种、3000余册工具书,超过1000万词条。年鉴库收录了各种年鉴约2000种,10 000多卷年鉴资源,800万条目。其中,包括各类统计年鉴600余种,约4000卷,基本涵盖了我国国民经济及社会发展的各个领域和地区,已形成较权威的综合反映我国国情地情的信息资源体系。年鉴库提供三种分类标准,按级别筛选可划分为国家级年鉴和地方专业年鉴,按行业学科筛选和按地区筛选。

(4)世界银行开放数据库(World Bank Open Data)

如图2.3.4.2所示,世界银行开放数据库(访问地址:https://data.worldbank.org/)将世界银行各种数据库向所有用户开放,收录了世界银行数据库的7000多个指标,用户可以按国家、指标、专题和数据目录进行数据浏览,其中数百个数据可上溯50年。世界银行开放数据库建设的出发点是各国家及组织需要良好的数据来设定基准,确定有效的公共和私人行动、设定目标和指标、监控进度并评估影响。这些数据也是政府的重要工具,为人们提供了评估政府行为的手段,并帮助他们直接参与发展过程,使人们对一些最贫困国家和发展中国家的经济社会状况有一个更好的了解。世界银行开放数据库是支持重要管理决策并为世界银行业务活动提供关键统计信息的重要工具。

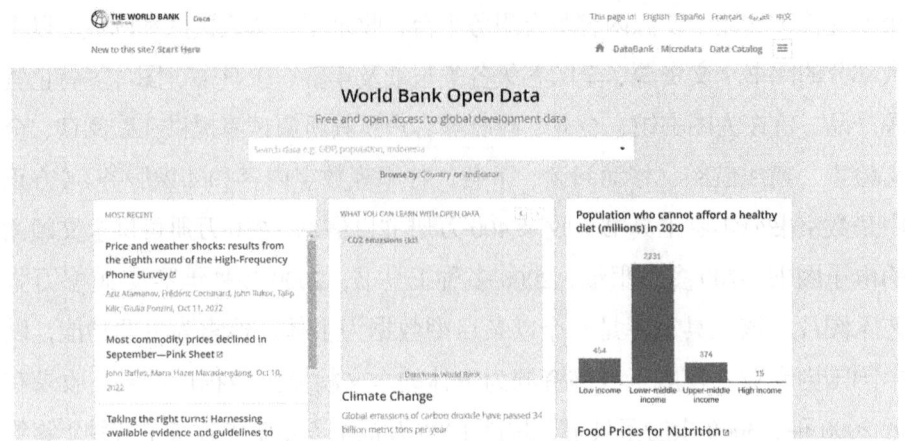

图2.3.4.2 世界银行数据库首页

从该数据库资源构成和特色功能上看，世界银行开放数据库包含：①世界发展指标（World Development Indicators，WDI）数据，这是世界银行有关发展中经济体的最可靠、最全面的数据汇总，根据官方认可的国际来源汇编，包含695种发展指数的统计数据，以及208个国家和18个地区与收入群从1960年至今的年度经济数据，包括社会、经济、财政、自然资源和环境等各方面指数。②数据银行，一种分析和可视化工具，包含各种主题的时间序列数据集合。③微资料库，提供通过家庭、商业机构或其他的抽样调查收集的数据。④开放财务，有关世界银行组织财务的原始数据，包括全球资金的支付和管理。⑤项目与运营，提供1947年至今的世界银行所有贷款项目基本信息。⑥生活水平衡量研究，支持多国进行多主题家庭调查，以生成高质量数据，改进调查方法和建设能力。⑦全球消费数据库，关于发展中国家家庭消费模式的一站式数据来源。

世界银行开放数据库允许用户通过多种方式获取他们寻找的数据，旨在使世界银行的数据易于查找、下载和使用，网站找到的所有数据都可以免费使用，且使用限制很少。要寻找信息并对其加以有效的利用可以有多种选择。①数据目录页面提供关键词搜索（数据集、指标或国家名称）和数据推荐浏览（精选、开放和最新）服务功能，旨在使来自微观数据、金融和能源数据平台的5455个数据集易于查找、下载、适用和共享，如图2.3.4.3所示。②数据页面允许选择批量下载所有显示的数据。国家页面提供了单个国家所有年份的所有数据；主题页面提供了所有国家和地区的该主题的每个指标，而指标页面提供了所有国家的所有年份的数据。③数据银行上显示的数据是世界银行数据库中可用数据的子集，该数据库包含大量时间序列数据。数据银行具有高级功能，用于选择和切片数据集，执行自定义查询和数据下载及创建图表和其他可视化效果。④世界银行的微数据库有助于访问通过对家庭、企业或其他设施进行抽样调查而收集的微数据。这些微数据提供了有关生活在发展中国家的人民，其机构、环境、社区和经济运行的信息。⑤数据搜索结果列表页面提供了过滤器选项，可按数据类型、许可证、地区、国家、资源类型进行筛选，如图 2.3.4.4 所示。⑥数据集详情页提供了元数据信息、资源文件和外部站点链接等方便访问和下载；对于部分表格资源，还提供了一个 API 以允许编程方式访问底层数据；且如果数据集定义了相关指标（变量或属性），则元数据在指标选项卡上可用。

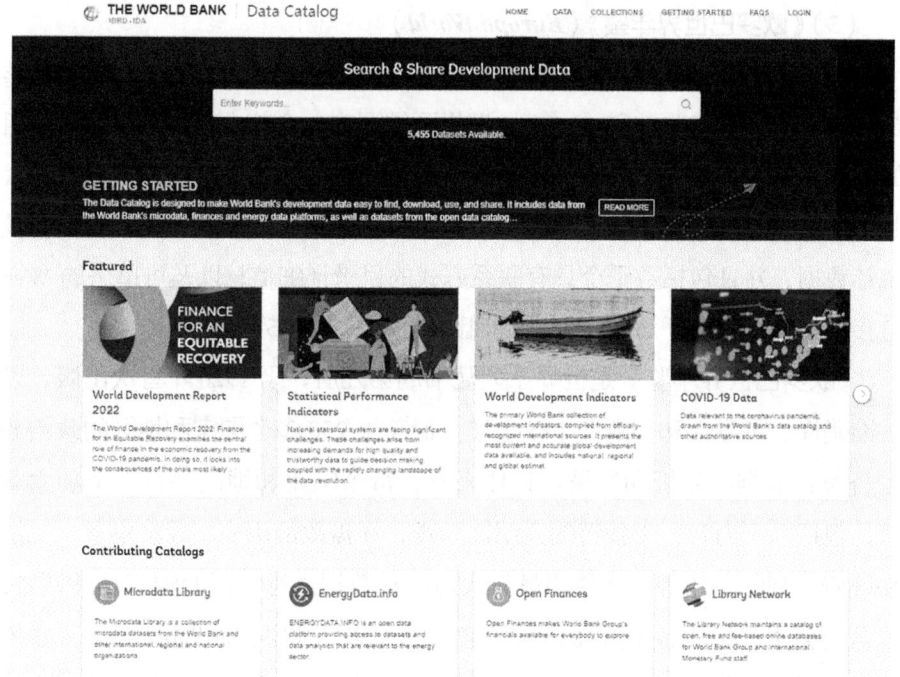

图 2.3.4.3　世界银行数据库数据目录

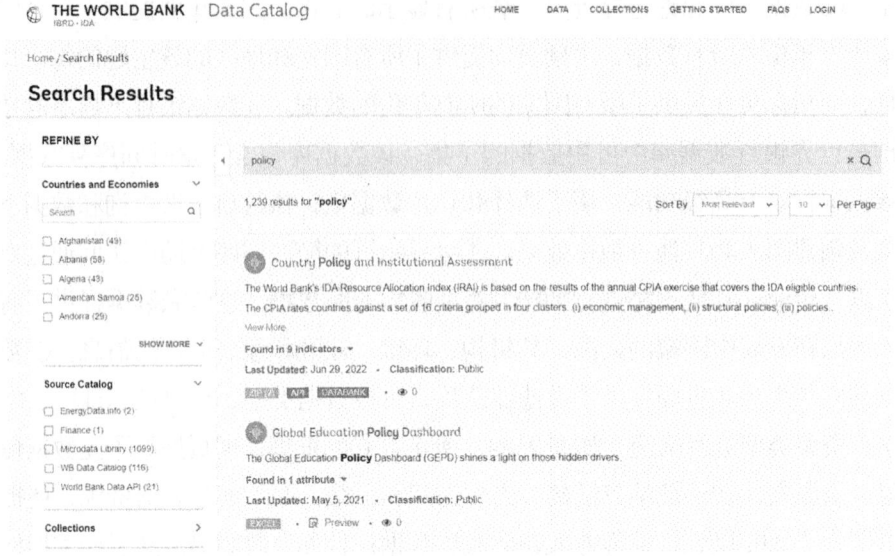

图 2.3.4.4　世界银行数据库数据搜索结果页面

（5）《欧罗巴世界年鉴》（*Europa World*）

《欧罗巴世界年鉴》（访问地址：https://www.europaworld.com/）是整合《欧罗巴世界年鉴》和《Europa 世界区域调查》全部内容的在线版本，目的是为用户提供区域、次区域和国家或地区间的深入、专业的分析。该在线版本提供了按国家或地区提供的快速、公正的经济、政治和地理背景信息及统计数据，并且包括数千个具有联系方式的目录详细信息以及可单击的 Web 链接，并全面列出了 2000 多个国际组织，如图 2.3.4.5 所示。

《欧罗巴世界年鉴》是世界系列丛书的第九册，于 1926 年首次出版，以其准确性、可靠性和一致性享誉全球，涵盖了 250 多个国家和地区的政治和经济统计数据、分析和目录。具体来看，每个国家和地区都有一个独立章节，包括以下内容：①独特的介绍性调查，涵盖政治历史、经济事务、宪法和政府、国际合作等；②使用最新人口统计数据进行广泛的国家统计调查，覆盖社会生产生活各个方面；③完整的目录和详细事实性地区信息。《欧罗巴世界区域调查》（*Europa Regional Surveys of the World*）包含针对非洲撒哈拉以南、中欧和东南欧、东欧、俄罗斯和中亚、远东和大洋洲、中东和北非等9个地区的政治经济和社会调查数据，是政府机构、学术和公共图书馆、商业和国际组织、媒体和研究机构一直依赖的重要数据资源来源。

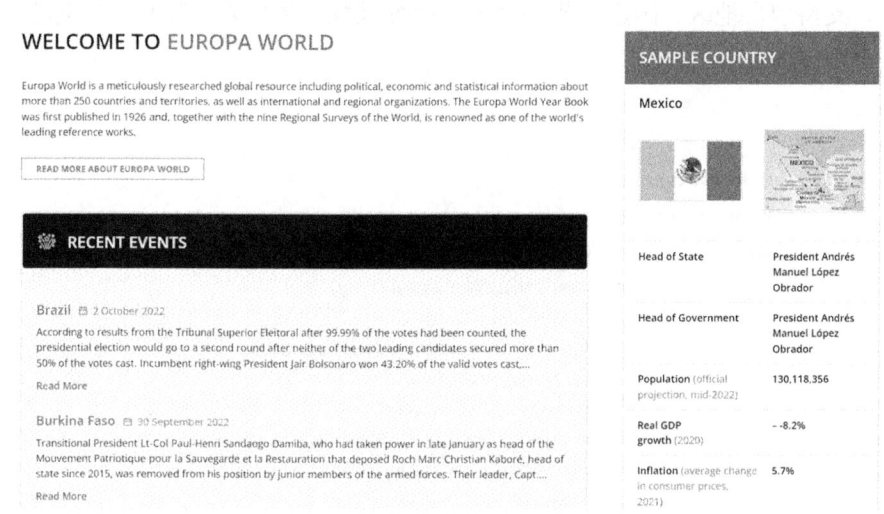

图 2.3.4.5 《欧罗巴世界年鉴》网站首页

《欧罗巴世界年鉴》在线网站主要有以下几方面优势：①定期更新信息，为全球重大事件提供所有背景信息；②具有全面的复杂搜索和浏览功能，可增强对数据丰富内容的访问性；③直接比较图表和表格形式的跨国统计数据的能力；④交互式视觉功能，包括地图、标志和可下载的图形；⑤由公认的专家公正地报道具有区域重要性的问题；⑥涵盖大量的最新经济、政治和统计数据；⑦数据库资源同时包含图书和期刊书目，提升用户学习深度和广度；⑧该地区专门研究机构的详尽目录；⑨能够按地区搜索内容类型；⑩数以千计的点击链接到外部站点。

从具体的浏览和检索功能上看，网站顶部菜单栏提供了国家和机构的浏览选项，点击后可实现按国家名称或机构名称字母顺序导航。其中，国家页面提供相关高等教育部门、大学、博物馆和图书馆等类别的链接；而机构页面允许浏览40 000多个机构的完整目录详细信息，包括地址、官网、历史、管理人员、出版物等。此外，页面顶部提供基本搜索框，检索词可以是机构、人员或出版物，允许运用布尔逻辑运算符和通配符检索，检索结果页提供国家过滤和相关排序，如图2.3.4.6所示；搜索框下提供"高级检索"链接，支持包含地区、国家、机构类型、研究领域、学生人数等9个参数的自定义过滤搜索。

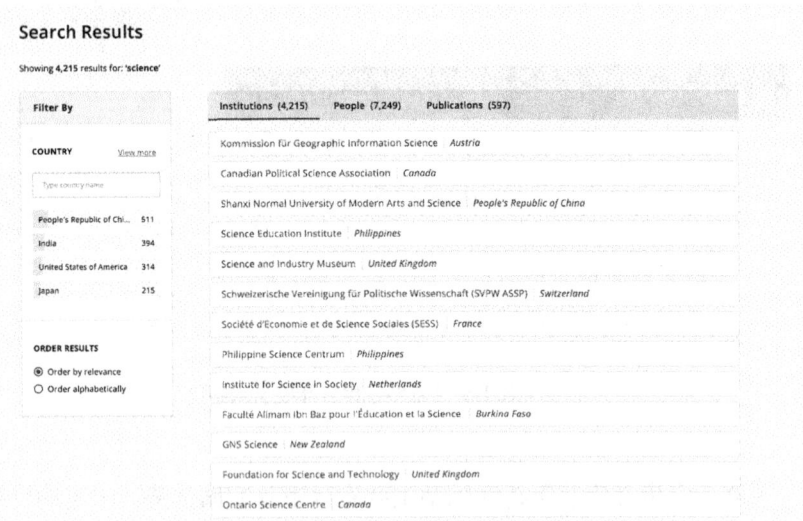

图2.3.4.6 《欧罗巴世界年鉴》搜索结果页面

《欧罗巴世界年鉴》有印刷版和在线版，其订阅价格取决于组织类型和规模或并发用户数，网站提供多种年度订阅方案。意向订阅用户需填写所在国家、组织类型、组织规模、并发访问用户、订阅类型（打印副本并在线访问、仅在线访问）等信息后等待报价。

根据网站在线许可协议，《欧罗巴世界年鉴》数据库资料的知识产权归泰勒－弗朗西斯出版集团（Taylor & Francis Group）所有。订阅者可下载《学术世界》存档的印刷版本和内容覆盖系列国际学术主题。在每种情况下，仅出于授权用户进行个人研究和/或私人研究的目的，以便通过安全网络将

2 工具书资源的基本类型、布局和发展趋势

被许可方的客户端计算机上的许可材料访问权授权给授权方用户并允许授权用户在本地和/或（通过身份验证系统）位于现场的授权用户在计算机终端上搜索、查看、检索和显示许可材料；并打印或下载不超过许可材料总数的1%或不超过合理使用范围。被许可人或任何授权用户均不得瞬时或永久地在任何介质上存储、转让、传输、复制、借给任何第三方，发布或以其他方式利用、修改或创建其他材料的衍生作品，或者与其他材料结合，但在行使该许可授予的权利所必需的范围内除外。

（6）经济合作与发展组织在线图书馆（OECD iLibrary）

经济合作与发展组织在线图书馆（访问地址：https://data.oecd.org/）是经济合作与发展组织的在线图书馆，提供图书及报告、期刊和统计资料，并且是访问经济合作与发展组织数据分析和数据储存的门户。经济合作与发展组织在线图书馆还包含国际能源机构（IEA）、核能机构（NEA）、经济合作与发展组织发展中心、国际学生评估计划（PISA）和国际运输论坛（ITF）出版的内容。截至2020年10月，经济合作与发展组织在线图书馆已包含115 940个电子书标题、83 645个章节、250 910个表格和图表、2430篇文章、6387篇摘要、6792工作底稿、跨44个数据库的70亿个数据点。经济合作与发展组织在线图书馆有22个在线统计数据库，数据不仅来自OECD的30个成员国，而且也有来自其他非成员国家的数据资料，此外还有国际能源组织的10个数据库。经济合作与发展组织在线图书馆已出版书籍、报告3200余种，网站提供了从1998年以来出版的近4000种图书、报告的PDF格式在线阅览，而且每年还会增加200多种。经济合作与发展组织在线图书馆涵盖以下20多个领域类别：农业和食品、发展学、教育和技术类、新兴经济形态、就业、能源、环境和可持续发展、财政和投资、保险和社会保障、宏观经济和未来学研究、政府管理、工业、服务业和贸易、OECD成员国数据统计、核能源、科学和信息技术、转型经济、统计资源和方法、社会问题、移民、卫生健康、税收、交通、城市、乡村及地区发展。

经济合作与发展组织是由30个市场经济国家组成的政府间国际经济组织，旨在共同应对全球化带来的经济、社会和政府治理等方面的挑战，并把

握全球化带来的机遇。

经济合作与发展组织在线图书馆数据库提供普通检索、高级检索和二次检索功能,检索提供数据库、主题、出版年份、内容类型、国家地区、作者或编辑、出版物筛选条件。搜索结果列表显示以下内容:①可用性,包含有权在线阅读内容、通过订阅有权访问所有格式、有权访问所有格式三个等级;②内容详细信息,包括年鉴名称、摘要、类型、语言、格式、分享渠道和参考引文信息,如图 2.3.4.7 所示。该数据库还提供分类浏览入口,包括按 17 个分类主题浏览、239 个国家和地区浏览、5 种资料类型浏览。

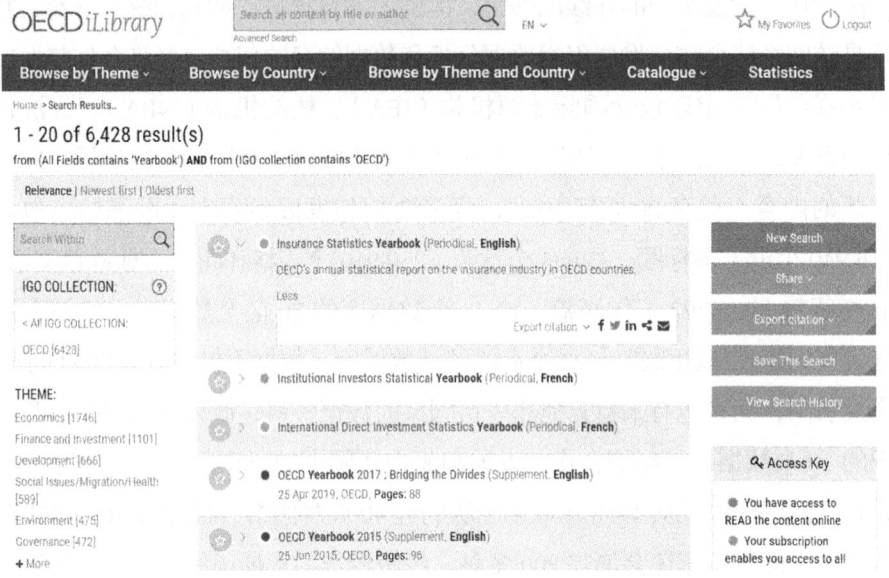

图 2.3.4.7　经济合作与发展组织在线图书馆搜索结果页面

根据经济合作与发展组织在线图书馆的使用条款,除受特定条款约束的内容或特定材料上可能另有说明的情况外,材料的复制和翻译被授权在规定的范围内用于商业和非商业目的。具体操作方法如下:① DOI 和 / 或 ISBN、ISSN 确定的经济合作与发展组织出版物和工作文件的复制、翻译、摘录需通过版权清除中心有限公司(CCC)获得授权;②除经济合作与发展

2 工具书资源的基本类型、布局和发展趋势

组织出版物和工作文件以外的所有其他重要材料的复制和翻译授权,在没有获得正式书面许可的情况下,免费提供完整作品的30%或更少,或最多5幅从该作品中提取的表格和/或图表是免费提供的,不得以任何方式更改材料。经济合作与发展组织将数据提供给公众使用和咨询,数据可能受到这些条款和条件范围之外的限制,这是因为特定的条款适用于这些数据,或者因为第三方可能拥有所有权。除上述适用的其他限制外,可以出于任何目的(甚至用于商业用途)从数据中提取、下载、复制、改编、打印、分发、共享和嵌入数据。

(7)联合国图书馆(UN iLibrary)的统计年鉴

联合国图书馆(访问地址:https://www.un-ilibrary.org/)是联合国创建的数字内容的全面全球搜索、发现和查看的重要来源。联合国图书馆是联合国与经济合作与发展组织合作开发,并利用经济合作与发展组织图书馆平台。截至2020年10月,收录了来自40多个联合国部门和机构的8235多本电子书、8010篇文章、415套系列丛书和3个数据库的内容。联合国图书馆为图书馆员、信息专家、学者、学生、政策制定者、有影响力的人和公众提供了一个单一的数字平台,可以无缝访问联合国秘书处及其基金和计划署出版的出版物、期刊、数据和丛书。联合国图书馆内重要年鉴包括《非洲统计年鉴》《联合国司法年鉴》《人口统计年鉴》《联合国年鉴》《国际贸易统计年鉴》《联合国裁军年鉴》《能源统计年鉴》《亚洲及太平洋统计年鉴》等。

从功能特征上看:①联合国图书馆提供了广泛的功能列表,这些功能可提供灵活、高效的检索,如直观的导航、集成的搜索结果、详细内容的呈现、引用工具、DOI标识和多语言内容等。②联合国图书馆资源主题种类多样,计划每年将大约500种新图书添加到联合国图书馆,其中大约70%是英文,涵盖农业农村发展、儿童与青年、民主与政治、裁军、毒品犯罪与恐怖主义、经济和社会发展、环境与气候变化、人群与难民、居住与城市问题等19个主题。③内容按组织主题、系列标题、国家、资源类别、出版年份和字母顺序组织,资源类别下分为图书、文件和统计,图书类别下又按标题字顺、时间、国家、语言、主题、年鉴与展望、系列丛书分类,如图2.3.4.8所示。④联合国图书馆数据库信息可通过不同格式（PDF 和 READ）访问，提供购买、引用、在线阅读和下载获取不同入口，满足用户在移动设备阅读、社交网络共享或将内容集成到报告中的需求，如图 2.3.4.9 所示。

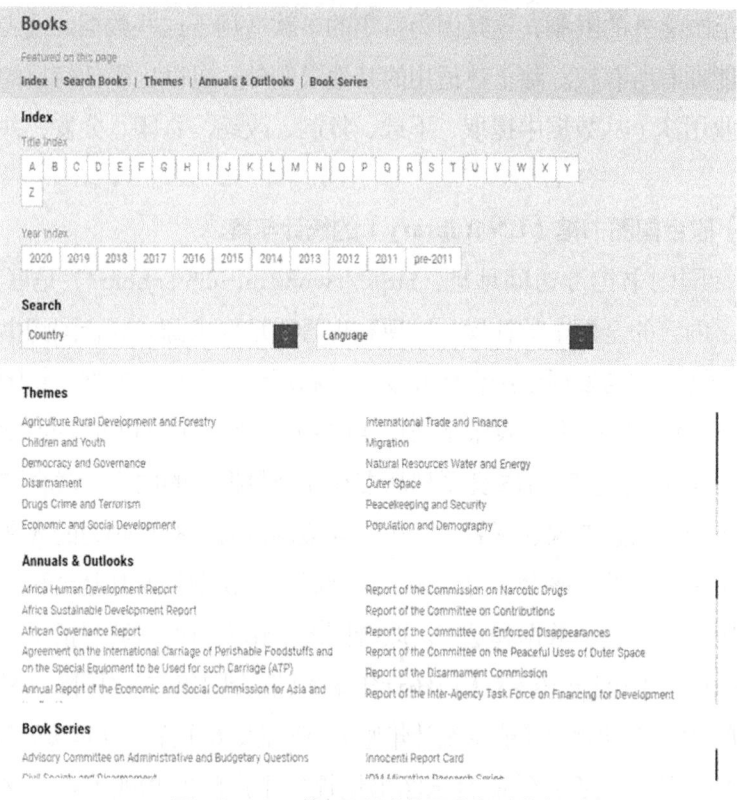

图 2.3.4.8　联合国图书馆图书类别分类

关于资源获取方式，年度订阅提供对联合国图书馆的完全访问权限，其中包括对网站上所有可用格式的所有内容的访问。单个出版物通过联合国书店出售，"购买此书"链接可从联合国图书馆的出版物页面获得。根据联合国图书馆网站使用条款与条件，联合国图书馆内容可以复制、下载或打印以供个人使用。用户可以在自己的文档、演示文稿、博客、网站和教学材料中使用联合国图书馆出版物、数据库和多媒体产品的摘录，但是必须注明来源，并提供适当的版权声明。作品的标题和所有权仍归联合国所有，在其条款和条件允许的范围内制作的任何副本均应明确说明此内容及必要的版权声明。

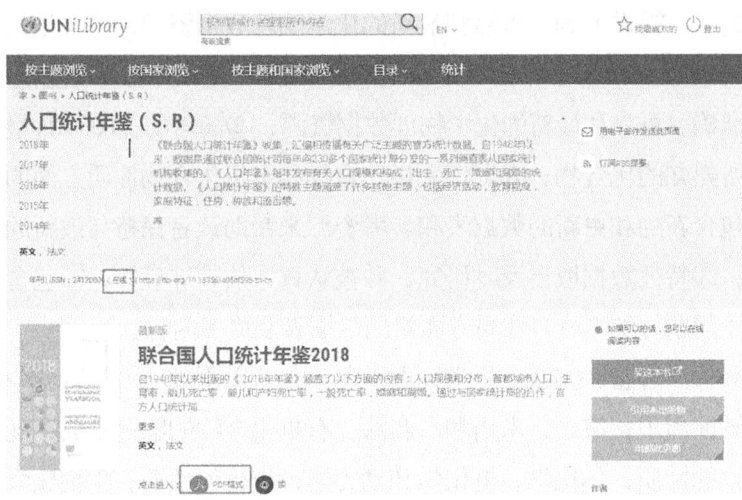

图 2.3.4.9　联合国图书馆年鉴详细信息页面

2.3.5　手册类工具书资源

手册（Handbook）汇集人们需经常查找的文献、资料或者专业知识，是提供专门领域内基本的既定知识和实用资料的工具书。其特征是信息密集，内容专门具体，记录资料丰富，文字简洁，常以叙述、列表或图解方式表述内容，便于查检专门知识与具体实用资料。手册中所收的知识偏重于介绍基本情况和各种事实、数据、图表等。手册可分为综合性手册和专科性手册两种。从具体分类上看，一般有工作手册、员工手册、实用手册、数据手册、条目手册、图表手册、综合手册、数学手册、购房手册、加工贸易手册等。典型且常用的纸质版手册有《CRC 化学物理手册》《贝尔斯坦有机化学手册》《盖墨林无机化学手册》《核磁共振光谱数据手册》《无机物热力学数据手册》《兰格化学手册》《物理化学手册》《联合国手册》《国外科技核心期刊手册》等。

大数据时代的工具书资源及知识产权保护

（1）《CRC 化学物理手册》（*Handbook of Chemistry and Physics Online*）

《CRC 化学物理手册》（访问网址：https://hbcp.chemnetbase.com/）是泰勒－弗朗西斯出版集团旗下的产品，是最广为人知和最广泛认可的化学参考书之一，提供准确、可靠和最新的化学物理数据资源，一直是全世界化学家、物理学家和工程师们不可替代的工具书。该手册主要功能范围如下：①提供准确、可靠和最新的化学物理数据资源；②涵盖约 20 000 种最常用的和被人所熟知的化合物；③提供无机化合物和有机化合物性质方面的完整数据；④包含新的和更新的数据表和参考资源来帮助读者保持与最新的发展研究同步；⑤特征数据取自及时研究，并被认真评估其准确性；⑥包含生物化学、环境问题、纳米材料性质方面新的数据表及更多内容。

从具体内容看，《CRC 化学物理手册》包含以下 19 个章节：基本常数、单位和转换因子；符号、术语和命名法；有机化合物的物理常数；元素和无机化合物的性质；热化学、电化学和动力学；流体的性质；生物化学；分析化学；分子结构褐色谱；原子、分子和光物理学；核和粒子物理学；固体性质；聚合物性质；地球物理学、天文学和声学；应用实验室数据；健康和安全信息；附录 A：数学用表；附录 B：物理和化学数据源。《CRC 化学物理手册》网络在线版本提供目录浏览和布尔检索入口，如图 2.3.5.1 所示。Web 应用程序分为两个主要模块，一是文档模式，支持搜索和浏览手册文档和表格，查看交互式表格并生成图形，导出表格数据等；二是化学模式，该手册中 700 多个文档表中的所有化合物及其相关的物理性质都整理到一个可搜索的数据库中。按名称、分子式、特性或结构搜索化学物，并在化学输入和导出数据中查看所有可用的物理特性、结构等。

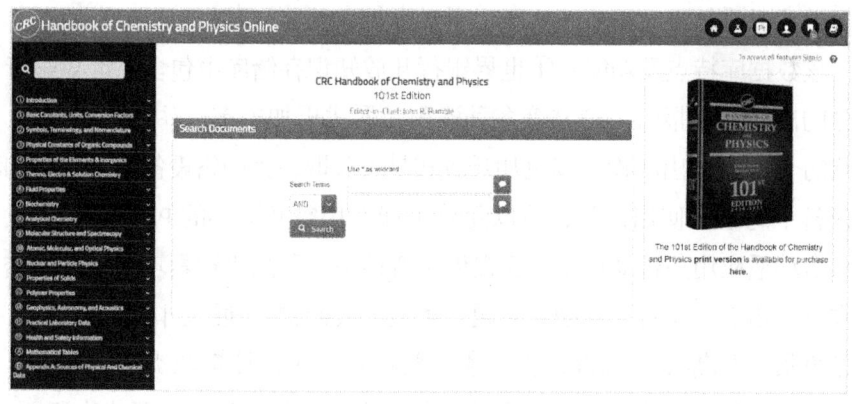

图 2.3.5.1 《CRC 化学物理手册》网络在线版

（2）世界银行（WORLD BANK）数据手册

世界银行是发展中国家最大的信息知识单一来源，世界银行开放知识存储库（World Bank Open Knowledge Repository，简称 OKR）是世界银行的官方开放访问存储库，用于存取研究成果和知识产品（访问网址：https://openknowledge.wordbank.org/）。自 2010 年 4 月起，世界银行启动新的开放获取政策（Open Access Policy）并在 7 月发布锡尼希获取政策，在线提供海量的研究成果和知识产品，推出了世界银行开放知识存储库，负责收集、传播并永久保存知识成果。通过扩大和改善对世界银行研究的获取，世界银行旨在鼓励创新，并允许世界上任何人利用世界银行的知识来改善贫困人口的生活。世界银行开放知识存储库会不断更新以提供新内容及旧版报告和研究。该数据库基于 DSpace 构建，DSpace 是开放访问社区中广泛使用的开源平台，为 2000 多个开放存储库提供支持，并且可以与其他存储库互操作。通过遵守都柏林核心元数据计划（DCMI）标准，它支持内容的最佳可发现性和可重用性。所有元数据都通过针对元数据收集的开放档案倡议协议（OAI-PMH）公开。自 2012 年启动以来，用户已从世界银行开放知识存储库下载了数百万种出版物，其近一半的用户来自发展中国家。曾被美国图书馆协会参考与用户服务分会（ALA RUSA）评为"2013 年度最佳免费参考网站"之一。世界银行还因世界银行开放知识存储库在 2012 年获得了学术出版与学术资源联盟（SPARC）的"开放获取创新者"奖。

该数据库特点及功能：①世界银行开放知识存储库中包含了世界银行大部分的出版物、报告、论文等多种资源，形式更加丰富，并涵盖来自11个馆藏的31 329个出版物。②更加开放和易于获取，为网络设备较差区域和移动设备中的最佳使用设计，可以免费下载占用空间更小的PDF文档，且该站点自动适应用户移动设备。③提供了普通检索和高级检索功能，搜索结果页面具备语言、作者、日期、主题、类型、关键词、地区、国家、焦点、可持续发展目标等多样筛选条件。④分类浏览目录，按资源类型、作者、日期、主题、标题分类，资源类型分为年度报告及独立评估、正式出版图书、期刊、系列出版物、技术论文、国家战略文件、经济和部门工作（ESW）研究、工作文件、知识笔记、世界银行行长讲话和多语种内容11个类别；正式出版书籍下分为旗舰企业报告、数据出版物、手册和培训手册、关键区域或部门出版物、仍在出版的系列、其他系列和独立图书7个类型，如图2.3.5.2所示。⑤单个手册详细信息页提供PDF下载、摘要、引文、相关集合、元数据、被引统计数据、相关项目等信息。⑥提供大量实用衍生信息，包括作者相关作品、链接到谷歌学术搜索中的引文、链接到作者在外部期刊发表文章、链接到世界银行行为数据目录中的相关数据集。

图2.3.5.2　世界银行开放知识存储库馆藏分类列表

2 工具书资源的基本类型、布局和发展趋势

世界银行开放知识存储库提供 123 种手册、资料手册和培训手册，收藏集中包含实践中的国际发展、其他手册、使用 AdePT 软件简化分析、世界银行培训 4 个子收藏集，筛选条件包括文件语言、作者、日期、话题、类型、关键词、地区、国家、焦点问题、可持续发展目标、支持语言。典型手册或指南包括《深度贸易协定手册》《食品安全手册：建立健全的食品安全管理体系的实用指南》《公共投资管理参考指南》《脆弱环境中的基础设施监管机：原则和实施手册》《世界银行集团出版物编辑风格指南》等。

世界银行支持免费的在线交流和知识交流，这是确保广泛获得、阅读和利用研究经济和部门工作及发展实践成果的最有效方法。因此，它致力于开放获取，这对于作者来说，是尽可能广泛地传播他们的发现；对于读者来说，提高他们发现相关信息的能力。鼓励用户使用世界银行开放知识存储库以创新的方式使自己和他人受益。世界银行集团不保证使用世界银行开放知识存储库中包含的任何第三方拥有的单独组件或部分不会侵犯第三方的权利。由此类侵权引起的索赔风险完全由用户承担。如果用户希望重复使用作品的一部分，则有责任确定是否需要重新使用该作品并获得版权所有者的许可。

（3）国际货币基金组织数据库手册和指南（International Monetary Fund E-library）

国际货币基金组织（International Monetary Fund，IMF）是一个拥有 185 名成员国的世界组织，其成立宗旨是推动国际货币合作、汇率稳定和有序汇率安排，促进经济增长和提高就业率，向各国提供临时经济援助以维护贸易支付差额的调整。国际货币基金组织的业务包括金融监督、经济援助和技术支持，旨在满足成员国在世界经济飞速发展的情况下不断变化的需求。国际货币基金组织电子图书馆（IMF eLibrary，访问地址：https://www.elibrary.imf.org/）包含以下内容。

①世界经济展望（World Economic Outlook）：汇总国际货币基金组织正在进行的全球监测活动，呈现全球和地区预测、指标及分析。

②全球金融稳定报告（Global Financial Stability Reports）：分析全球资本流动，旨在辨认可能导致金融危机的潜在风险。

③国际货币基金组织研究手稿（IMF Working Papers）：正在进行的研究手稿，涵盖当前经济发展与趋势的广泛热点问题。

④国际货币基金组织国家报告（IMF Country Reports）：正规且官方顾问机构对各会员国的详细评估和预测，包括概要和总结、国际货币基金组织资源使用、金融部门稳定评估和当前问题。

⑤地区经济展望（Regional Economic Outlooks）：每年两次对地区和全球经济背景下地区重大事件的总结和分析，这些地区包括亚太、中东和中亚、欧洲、撒哈拉以南的非洲和西半球。

⑥书册和指南（Manuals and Guides）：国际货币基金组织经济政策与信息标准和方针，包括统计汇编指南、财政透明手册、公共债务管理以及通用数据手册。

⑦报告（Reports）：外汇安排与外汇限制年报、国际货币基金组织执行董事会报告、独立评估办公室报告、IMF年会和董事会报告。

⑧图书（Books）：当前课题的权威理论和分析。最新书目包括：*Fiscal Management of Scaled-Up Aid*、*Managing the Oil Revenue Boom -the Role of Fiscal Institutions*、*Poverty and Social Impact Analysis*等。

⑨统计数据库（Statistical Databases）：国际金融统计（International Financial Statistics）超过32 000时间序列，涵盖全球金融所有方面。国际收支（Balance of Payments）超过10万时间序列的标准化、可比较交易数据。贸易方向（Direction of Trade）超过10万时间序列，反映经济体间商品进出口的价值。政府财政统计（Government Finance Statistics）超过135 000时间序列，促进政府流动性和财政稳定的评估。

国际货币基金组织电子图书馆提供按国家或地区、内容类型、话题、刊物系列、语言、日期、关键词进行分类浏览或结果筛选的方式。刊物系列类别下划分为书籍和分析论文、基金组织统计、期刊和报告3个种类；书刊和论文下分为包括图书、部门文件或政策文件、词汇表、EXR小册子等14个种类；基金组织统计下划分为国际收支统计、贸易统计方向、手册和指南等8个类别；期刊和报告下划分为分析笔记、执行局年度报告、协议条款、对

2 工具书资源的基本类型、布局和发展趋势

外部门报告等 28 个类别。其中，该图书馆共包含手册和指南资源 1722 项，典型手册有《国际收支手册》《公共部门统计：编制者和用户指南》《国家经济学家手册》《国际服务贸易统计手册》《进出口价格指数手册：理论与实践》。每个手册均提供 PDF、ePUB、Mobi 3 三种资源下载格式，以及电子目录和在线全文阅读途径，包括俄语、英语、法语和西班牙语四种阅读语言，如图 2.3.5.3 所示。

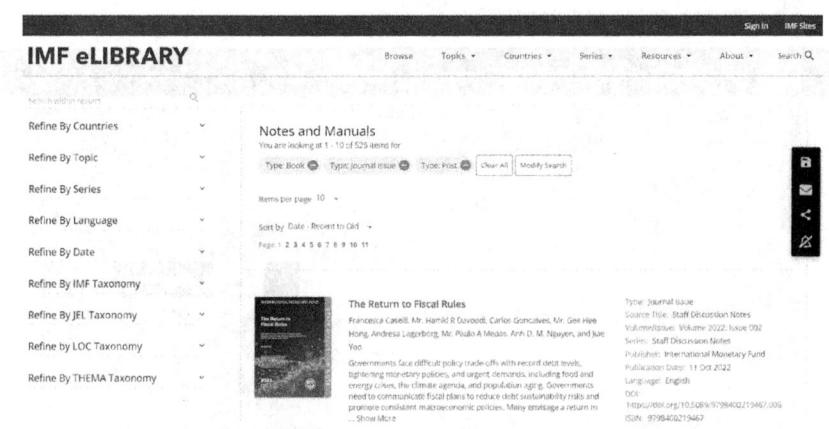

图 2.3.5.3　国际货币基金组织数据库手册及指南页面

（4）劳特利奇在线手册（Routledge Handbooks Online）

劳特利奇在线手册（访问网址：http://www.routledgehandbooks.com/）汇集了世界各领域的学者对劳特利奇和 CRC 出版社在人文、社会科学、教育、心理学、工程学和建筑环境方面的最新出版物最前沿的概述，同时该手册是提供有关理论和方法、关键子学科及当今主要争论的权威指南。劳特利奇在线手册中的每个标题都在章级别包含有意义的元数据和摘要，使其可以完全搜索和浏览，从而为学生和研究人员提供了更大的价值。内容范围包括 18 个不同学科领域的 300 余本手册，超过 15 000 个章节，每本手册均由学科专家编辑，并经同行评审，为整个学科领域或分支学科提供了权威综述。该手册覆盖的学科有：考古学与古典文学，亚洲研究，商业与经济学，传播、新闻、媒体与文化，刑事司法与犯罪学，教育学，环境与可持续发

展,卫生与社会保健,历史学,法学,语言学,哲学,政治学,心理学,安全研究,社会学,运动与休闲,旅游、酒店管理及活动策划等。从特色优势上看,该手册无DRM格式,提供HTML和PDF格式,内容总量超1800卷的5000章,广泛覆盖50个学科领域,且所有章节均附有丰富的抽象元数据。劳特利奇在线手册首页见图2.3.5.4。

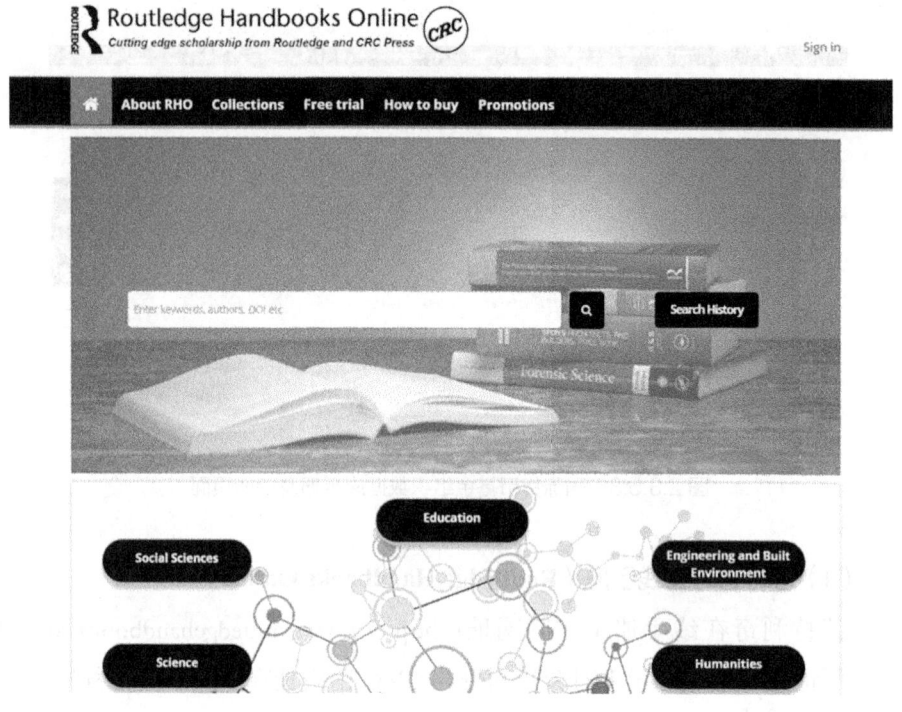

图 2.3.5.4　劳特利奇在线手册首页

(5)《实验室指南》(*Current Protocols*)

20多年来,威利(Wiley)出版的《实验室指南》一直都是顶级的实验室指南参考资源,目前推出了17册,其中包括拥有29年历史的实验室指南鼻祖《分子物理学》,收录了18 000篇经同行评审、定期更新的分步式实验室流程;电子版访问地址:https://currentprotocols.onlinelibrary.wiley.com/。每册《实验室指南》保留不同阶段的实验过程记录,每年更新4次,每次更新至少 500 页内容，以保证各册指南都能体现各自领域的最新发展情况。《实验室指南》的内容主要由 17 个编辑委员会的 70 多位杰出科学家进行精心挑选与评审，同时还有来自全球超过 7700 名该领域的权威研究学者撰写文章，他们很多来自美国科学院、欧洲科学院、瑞典皇家科学院和英国皇家学会，也有很多是诺贝尔奖获得者。所有内容均为同行评审，并且被 Scopus 和 PubMed 收录。《实验室指南》首页见图 2.3.5.5。

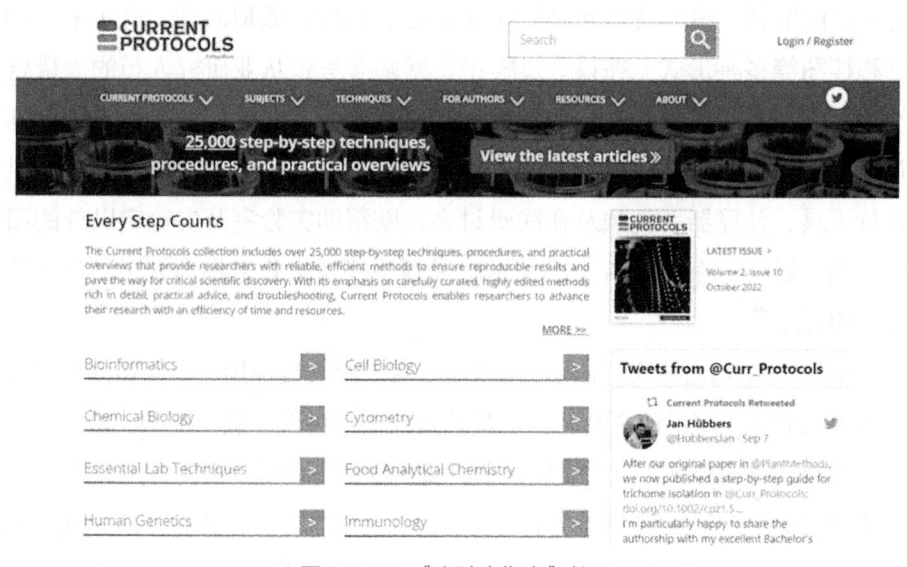

图 2.3.5.5　《实验室指南》首页

《实验室指南》包括 24 000 多个分步技术、程序和实践概述，强调精心策划、高度编辑的方法、丰富的细节、实用的建议和故障排除，使研究人员能够以高效的时间和资源推进他们的研究。《实验室指南》按主题进行组织和展示，覆盖生命科学的主要学科，包含 17 个独立指南：细胞生物学（1998）、化学生物学（2010）、胞计数法（1997）、实验室基本技巧（2008）、人类遗传学（1994）、免疫学（1991）、分子生物学（1987）、神经科学（1997）、核酸化学（1999）、药理学（1998）、蛋白质科学（1995）、毒理学（1999）、生物信息学（2003）、微生物学（2006）、小鼠生物学（2011）、干细胞生物学（2008）、植物生物学（2016）。为提升用户使用满意度，《实验室指南》创建了标准协议格式：为研究者定位的简明介绍，全面、有序的材料清单，清晰、编号、循序渐进的说明及有用的注释，详细的流程步骤，描述应用和相关方法的背景信息，关键参数和故障排除，预期结果，时间因素，数字和视频阐明关键步骤，有价值的信息表。

《实验室指南》的流程采用高度详细而简单易懂的分步介绍形式，同时还提供有用的注释与评注，收录了重要参数与疑难解答提示，对流程作出进一步的解释。资源资料包括网络研讨会、影片、虚拟活动、电子书、训练和挂图等多种形式。在设计过程中，网站参考了从业研究人员的大量咨询意见，提供实验室指南摘要、材料清单及更多内容的即时便捷访问，同时链接到威利在线图书数据库上的全文内容。Currentprotocols.com 还提供各种工具、计算器、视频及在线研讨会，以帮助实验室及实验室以外的研究人员。目前，在 iTunes 上已经推出了顶级的《实验室指南》工具与计算器应用程序❶。

根据威利在线图书数据库使用条款，客户及其授权用户可以访问使用许可所涵盖的电子产品的全文。客户及其授权用户可以下载、搜索、检索、显示和查看，复制并保存到安全网络或其他电子存储介质，存储或打印单个文章或项目的单个副本以供自己个人使用，以及学术、教育或科学研究或内部业务使用。客户和授权用户也可以将此类材料以纸质或电子形式传输给第三方同事，以供个人使用或用于学术、教育、科学研究或专业用途。

（6）Springer Materials 数据库

Springer 即施普林格，是世界著名的科技期刊、图书出版公司，1842 年在德国柏林创立，20 世纪 60 年代奠定了其国际性科技出版公司的地位。施普林格是全球第一大科技图书出版公司和第二大科技期刊出版公司，每年出版 6500 余种科技图书和约 2000 余种科技期刊。

Springer Materials 数据库（访问地址：https://materials.springer.com/）以

---

❶ 黄冈师范学院图书馆. 实验室指南试用通知［EB/OL］.［2020-11-05］.http://library.hgnu.edu.cn/2019/1111/c679a52451/page.htm.

科学与技术数值数据和函数关系丛书（Landolt-Bornstein，LB）为基础，是全球最大的材料科学领域理化性质归集的数值型数据库，内容涵盖13个主题领域，即粒子、核子和原子、分子和自由基、电子结构与传输、磁学、半导体、超导体、结晶学、热力学、多相系统、先进材料、先进技术、天体物理学和地球物理学；资源类型包括相关科学与技术的数值数据、函数关系、常用单位及基本常数。经过120年的发展，LB已成为一套以基础科学为主、系列出版的大型数值与事实型工具书，全世界千余名知名专家和学者常年为其提供系统而全面的原始研究资料。Springer Materials数据库从1961年开始出版，迄今已出版300多卷，凭借其系统性好、综合性强和数据资料权威可信等特点受到广大学者和研究人员欢迎。2018年起，Springer Materials数据库完成了对LB内容的完全数字化，同时整合了包含无机固相、吸附等温线、高分子热力学等数据的第三方数据集，为用户提供超53万份在线文档、多达29万种材料及化学体系的3200多种特性信息，并提供全新数据管理、整合、加工、提炼等各项功能，体现材料科学领域特色。来自全球的专家负责对8000多种经同行评审的期刊原文进行审阅，经过评估和筛选后，将最有效的信息收入该库。研究人员无须亲自审阅和评估原始文献，从而节省更多宝贵的时间。

从数据库资源构成上，Springer Materials数据库涵盖以下6种子数据库：经典系列数据库（Landolt-Börnstein）、无机固相数据库（Inorganic Solid Phases）、专家报告和相结构数据库（MSI Eureka）、高分子热力学数据库（Polymer Thermodynamics）、物质档案数据库（Substance Profile）、热物性质数据库（Thermophysical Properties）。从功能上看，为帮助广大科研人员更高效地检索和获取材料科学领域的信息和材料性质，Springer Materials数据库提供多种检索方法和高级的再次精简优化选项，既可做简单文本搜索，也可按元素周期表检索、按有机物质结构检索，以及组合检索。另外，用户可利用专业整合特色，分析、处理并可视化呈现不同数据类型。最重要的是用户可以以多种格式导出数据，以供在其他软件或应用中进一步使用。Springer Materials数据库每个季度都会扩充内容并作出更新，保持Springer

Materials 处于材料科学的最前沿。

（7）施普林格实验室指南数据库（Springer Protocols）

施普林格实验室指南数据库（访问地址：https://experiments.springernature.com/springer-protocols-migrated-to-experiments）是全球最大的经同行评议的在线生命科学实验室指南数据库，主要面向生物化学、分子生物学及生物医学等学科，涵盖以下领域：动物科学、癌、基因组学、微生物学、植物科学、生物燃料、发育生物学、成像技术、纳米生物技术、蛋白质组学、生物信息学、药物研发、免疫化学、神经学、RNA、生物修复、酶工程、传染病、营养学、干细胞、生物感测器、基因疗法、海洋生物学、病菌研究、疫苗。几十年来，分子生物学领域的学者们一直依赖实验室研究指南——《分子生物学方法》（Methods in Molecular Biology）。Springer Protocols 包含 18 000 多条分子生物学和生物医学的实验室指南，主要来自下列经典的丛书系列：Methods in Molecular Biology 丛书、Methods in Molecular Medicine 丛书、Methods in Biotechnology 丛书、Methods in Pharmacology and Toxicology 丛书、Neuromethods 丛书。数据库提供详细、精确的实验操作记录，并可在实验室再现的"配方"或"方法"，包括按部就班的操作步骤、实验必需的原材料清单（原材料包括化学成分、硬体、软体等），以及注释和提醒，提醒实验员在实验过程中需要注意的事项和解决问题的方法。

从功能上看，施普林格实验室指南数据库提供多样化搜索结果筛选条件，如图 2.3.5.6 所示：①7 种数据来源集合，包括分子生物学方法、分子医学方法、神经方法、斯普林格协议手册、非系列、药理毒理学方法和生物技术方法；②在 1980—2021 年区间进行筛选；③技术名称筛选，细胞和组织培养、聚合酶链反应、相互作用等；④抗体选取；⑤实验生物对象筛选，如智人、小家鼠、酿酒酵母、大肠杆菌等；⑥细胞系选取；⑦文章类别选择。同时，施普林格实验室指南数据库提供 4 种搜索结果排序方式，分别为最相关、最近发布、引用最多、趋势预测。搜索结果详细信息页提供作者、机构、图书及系列、摘要、引文、被引统计、图片及视频、全文查看和 PDF 下载等信息，如图 2.3.5.7 所示。

2　工具书资源的基本类型、布局和发展趋势

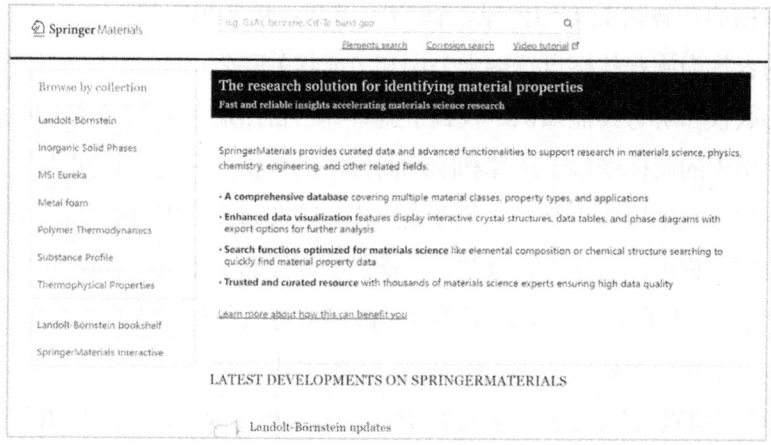

图 2.3.5.6　施普林格实验室指南数据库首页

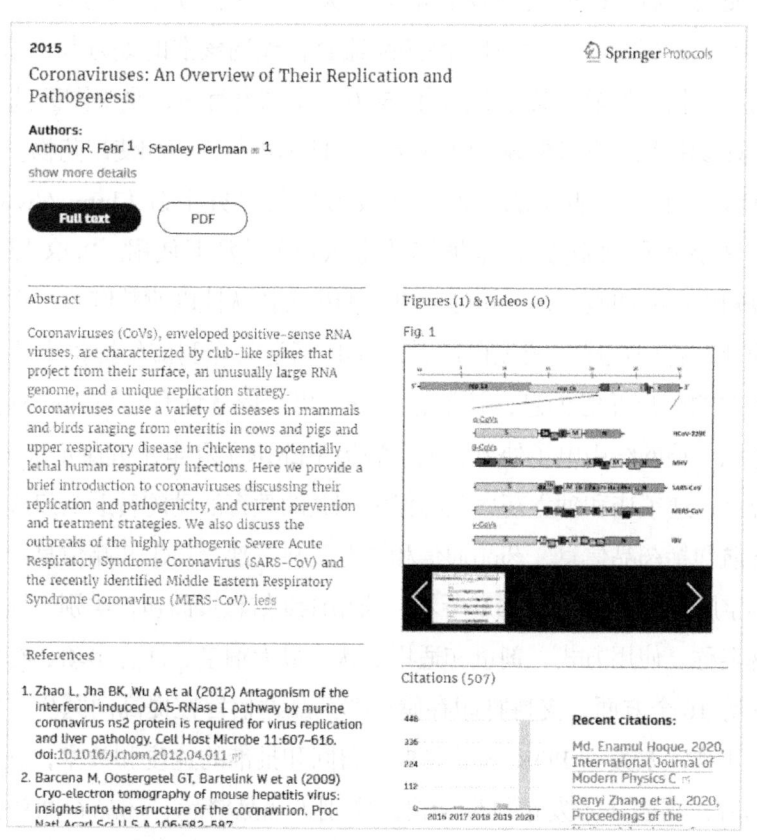

图 2.3.5.7　施普林格实验室指南数据库详细信息页面

大数据时代的工具书资源及知识产权保护

根据施普林格数据库网站法律声明可知：除非另有说明，否则该网站及其内容均为施普林格自然瑞士公司和／或其关联公司的财产。该网站所含材料的版权和所有其他知识产权属于施普林格自然瑞士公司或其许可方。该网站上出现的商标受瑞士法律和国际商标法的保护。在访问该网站时，用户有权使用该网站仅作为个人、非商业用途。除非事先获得施普林格自然瑞士公司的书面许可，否则不得复制、广播、公开发布、下载、存储（以任何介质），在公共场所传输、显示或播放，改编或更改任何内容出于任何目的使用本网站上包含的材料（或其任何部分）的方式。

（8）《美国医师桌上参考手册》（*Physician's Desk Reference*，PDR）

《美国医生桌上参考手册》，也常被称为《医生药典》，是美国著名的医师参考使用手册。PDR 每年综合汇编一次，介绍市场上的新药，内容非常全面，收录了超 2800 种美国食品药品监督管理局核准的处方药，以及 250 多家药厂的相关报道。其在美国有 750 000 本的发行量，是美国医药界最权威的工具参考书。美国 90% 的医生会参考此书进行诊疗和使用药物。

PDR 已不再出版印刷版本，升级为公共服务平台（https://www.pdr.net/），并提供移动服务给美国医疗专业人员免费注册使用。PDR 提供创新的健康知识产品和服务，支持处方决定和患者依从性以改善健康。作为基于行为的处方管理程序的领先提供者，PDR 通过其专利流程提供事件驱动和临床相关的医疗保健消息，该消息在改善患者依从性和结果的同时，还保留了隐私。该网络由电子处方、电子病历（EMR）和电子健康记录（EHR）应用程序，连锁店和独立药房及与保健相关的教育活动的赞助商组成。网站主页导航包括药品信息、药品通信和资源资料三部分：①药品信息种类按药品名称字顺浏览，如图 2.3.5.8 所示，药品详细信息页面包含类别、描述、常用品牌名称、使用方式、剂量和适用症状、最大剂量、注意事项、存储、不良反应等 16 个方面，支持打印存储；②药品通信旨在提高向医生、开药人员及其工作人员发送 PDR 药品警报、召回和批准的速度和效率，共 106 条信息内容，列表显示发布日期、信息类别（药品警示、药品召回和药品批准）、内容简介、名称、发布者信息，提供 PDF 文件并支持打印和下载，如图 2.3.5.9 所示；③资源资料包括移动服务、书籍、药物更新、网站更新、工作流程中的患者资源 5 个部分。

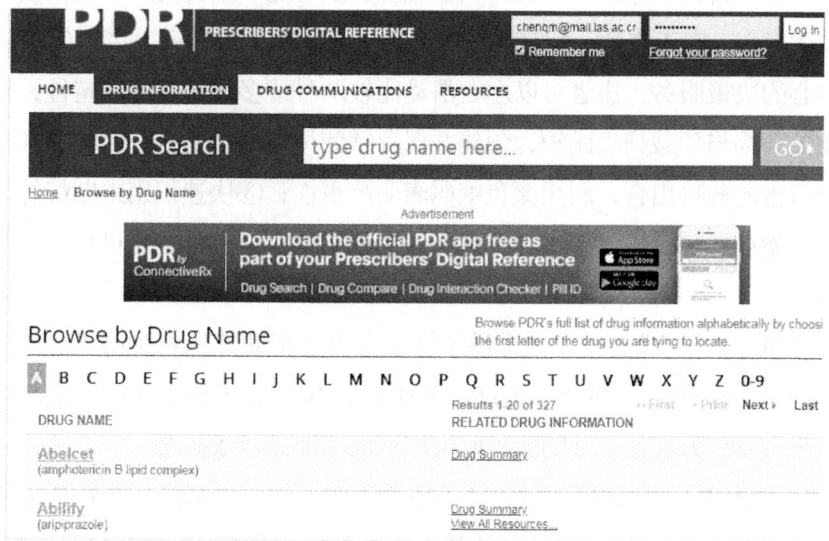

图 2.3.5.8　PDR 药品信息页面字顺排序

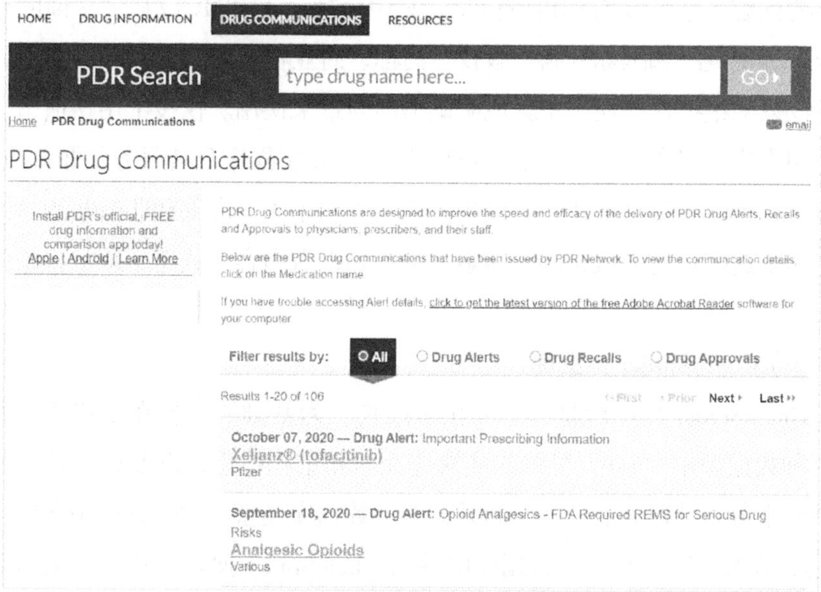

图 2.3.5.9　PDR 药品信息通知页面

大数据时代的工具书资源及知识产权保护

移动服务手机应用程序广泛覆盖市面上可用品牌和配方，提供详细类别浏览和搜索功能（按品牌、通用名或药理类别名搜索），并显示药物类别、用途、主要警告、适应症、临床试验经验、禁忌症、不良反应（包括发病率和发生率）、停药信息、相互作用等信息。其具备如下特殊功能：①以患者为中心的决策服务，患者可以左右滑动比较两种或多种药物关键特性，也可将相关药物与预载列表比较，创建并保存常使用的比较组合；②检测并预防可能有害的药物组合，利用颜色编码表明严重性；③快速识别未贴标签的药丸、胶囊和片剂，输入形状、颜色和大小等属性快速匹配，也可用全彩照片识别。

PDR 为医师或工作人员提供了许多资源来帮助其患者获得更好的健康改善方案。这些资源都可以从 eRx/EMR/EHR 工作流程中访问，促使患者更快地遵守处方疗法，并随着时间推移更成功地保持依从性。

根据 PDR 网站使用条款，关于免责声明，该网站或应用程序的服务均未提供特定药物或产品的医学建议，所有内容仅供参考，仅供医师和其他医疗保健专业人员使用。关于版权所属，该网站、应用程序和服务（含其中包含的内容）包含专有和机密信息，其中包括：①PDR 或其供应商的专有财产；②受美国和国际专利、版权、商标、商业秘密和其他知识产权法的保护；③只能根据这些使用条款或明确书面同意来使用。仅授予用户适当访问和使用内容所必需的那些权利。PDR 网站、应用程序及其服务以非排他性、不可转让的方式提供给用户，仅用于在美国的个人、内部和非商业用途；可以仅出于这些目的在线访问、搜索、浏览和查看内容，或者下载或打印单个项目。

（9）ChemSpider 数据库

ChemSpider 数据库是一个以化学结构式为基础的免费在线资源，提供数百种数据源中 6700 万种结构式快速文本和结构检索，以及整合其中的多项在线服务。其建立的目的是将开放获取数据库及营利性数据库中所有可用的化学结构式集成在单一数据库中并由 ChemSpider 搜索引擎对所需信息提供必要的线索。经由该服务，所有的使用者均可快速地使用开放获取数据库中的数据或是得知如何可继续在营利性可用系统中进行其搜索的必要信息。数据库在 2010 年获得了三个国际奖项：ALPSP 出版创新奖、Bio-IT 世界"最佳实践"社区贡献奖和 iExpo/KM 论坛"最具创新力软件"奖。该数据库于 2009 年被英国皇家化学学会收购。

从功能上看，ChemSpider 数据库提供功能强大的检索系统，如图 2.3.5.10 所示。①按化学名称进行文本检索，用户可输入系统名称、同义词、商品名称、数据库标识符、注册号、SMILES、InChI 或 CSID；②按化学结构搜索，用户可创建基于结构的查询，在网页中绘制化学结构式或使用计算机中的结构文件；③除了化学结构式外，用户也可以检索参考文献、物理性质、互动光谱、化学品供应商等重要数据。搜索结果页面提供多类型相关资料，内容包括基本信息（分子式、平均质量、单同位素质量、ChemSpider ID、系统名称、SMILES、InChi、引用格式）、标签、同义词及链接、实验数据、相似搜索及谷歌搜索、光谱、供应商、相关文章、更多数据源（维基百科、媒体、Crystal CIFs、医药链接、图片）等，并支持复制，如图 2.3.5.11 所示。

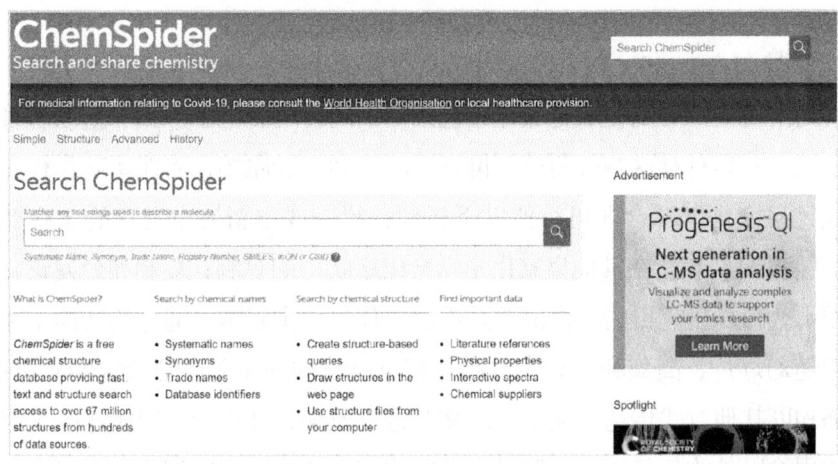

图 2.3.5.10　ChemSpider 数据库首页

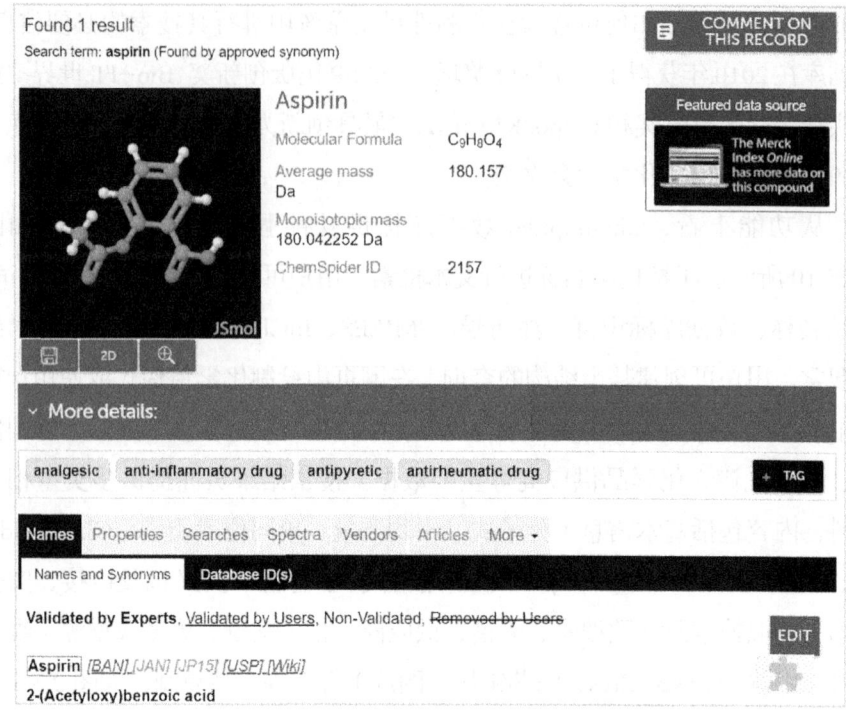

图 2.3.5.11 ChemSpider 检索结果详细信息页

根据 ChemSpider 数据库使用条款可知：①皇家化学学会获得资料原始作者的出版权，可以在所有媒体（包括专门的印刷和电子形式）上以各种形式出版，并具有对这些权利进行再许可的权利。②原始作者保留著作权，无须经过皇家化学学会即可行使以下权利：复制或重新发布文章的某些部分（包括摘要），包括在其他皇家化学学会出版物中的复制；复制和分发该文章以用于教育和研究目的，但前提是不提供任何此类副本；通过语音演示（包括伴随幻灯片、高架和计算机投影等视觉材料的演示）向公众复制、执行、传播和以其他方式传达该文章；对文章进行改编，并出于与原始作品类似的商业用途以外的任何目的复制对文章的改编。③用户可以浏览、下载或打印网站上显示材料的副本，用于个人、非商业、非公共用途，但必须保留这些材料中包含的所有版权和其他专有声明。

（10）Reaxys 数据库

贝尔斯坦有机化学手册（Beilstein Handbuch der Organische Chemie）和盖墨林无机与有机金属化学手册（Gmelin Handbook of Inorganic and Organometallic Chemistry）有一百多年的出版历史，是化学、化工领域最重要的参考工具，许多图书馆都订有其网络版的印刷本。

贝尔斯坦有机化学数据库是世界上最大的事实数据库，原始手册和今天的数据库也称为"Der Beilstein"，由 Friedrich Konrad Beilstein 在 1880—1882 年的第一版中作为《有机化学 Oxford 手册》出版，包含约 15 000 种化合物和约 2200 页。直到 Beilstein 以书本形式停产（1998 年）之前，已经出版了 503 卷，共 440 814 页。本书的内容可通过 Beilstein 系统访问。❶

盖墨林无机与有机金属化学手册前身是《理论化学手册》，是最初由盖墨林（1788—1853）出版的一本手册，旨在收集所有相关的化学数据。自 1981 年以来，新书仅以英文出版。

Reaxys 数据库包含超过 5 亿条经过实验验证的物质信息，收录超过 1.05 亿种化合物、4500 万种单步和多步反应、5300 万条文摘记录，涵盖全球 7 大专利局和 16 000 种期刊 16 个学科中与化合物性质检测、鉴定和合成方法相关的所有信息，包含化学结构相关的化学、物理等方面的性质，化学反应相关的各种数据，详细的药理学、环境病毒学、生态学等信息资源。学术机构和公司组织可通过企业年度订阅（多用户访问权限）使用。

Reaxys 数据库通过与化学家协商设计，提供了以下准确而强大的搜索选项。

①自然语言检索（包括结构、反应、关键字和属性值等）可进行文献检索、化合物性质检索、用词汇进行反应检索，如图 2.3.5.12 所示。

②结构检索，点击 Java-Free 结构编辑器，可在智能手机、平板电脑等任何移动设备画图，也可输入化学式名称（CAS-RN, InChiKey 或

---

❶ Beilsteins Handbuch der Organischen Chemie. Beilstein-Datenbank [EB/OL]. [2020-11-05]. https://www.chemie-schule.de/KnowHow/Gmelins_Handbuch_der_anorganischen_Chemie.

SMILES)创建结构,并提供检索逻辑(亚结构检索、相似检索)选择、原子相关设定、结构相关异构体。借助结构检索可进行如下检索:①化合物检索,检索结果提供测试过的靶点、对应生物活性数据、信息相似结构衍生物、相关反应、构效关系图、自动设计合成路线等;②化学反应检索,提供各种反应筛选器,如结构、反应试剂、催化剂和反应类型等。

图 2.3.5.12　Reaxys 数据库首页 Quick search 快速检索

③自定义检索,包括常用检索模块(结构、分子式、CAS-RN、索引词)、通过词汇搜索相关检索模块(如 patent、target)、其他检索模块(包括 Reaxys、RMC 及其他数据库)。可访问经过专业管理的相关化学数据和文献,以及独特的数据评估工具。

④药化信息检索。当用户购买了 Reaxys 数据库完整版,以及包含 RMC 模块的 Reaxys 数据库后,在 Quick search 和 Query builder 界面可以方便地检索各种生物活性,如吉非替尼药代动力学生物活性数据检索、RMC-靶点相关生物活性检索、RMC-药化信息预设模块专项检索。

根据 Reaxys 数据库使用条款和条件可知❶:除非另有说明,否则服务中包含的内容,包括文本、图形、用户界面、视觉界面、照片、商标、徽标、视频、音频、图像、应用程序、计算机代码和其他信息,包括但不限于此类内容的设计、布局、"外观"和安排,由爱思唯尔及其许可人或内容提供商

---

❶ Elsevier.Terms and conditions[EB/OL].[2020-11-05].https://www.elsevier.com/legal/elsevier-website-terms-and-conditions.

拥有，并受版权、商标和其他知识产权及反不正当竞争法的保护。除非该服务的任何其他附加条款中另有规定，否则可以出于个人、非商业的信息或学术用途从该服务打印或下载内容，前提是保留所有版权和其他专有声明。

（11）《牛津在线手册》（*Oxford Handbooks Online*）

《牛津在线手册》是全球最值得信赖的学术研究评估资源，囊括了17个学科领域的10 000多个手册、超35 000篇文章、涉及38 000多位作者和98位主编，由学科专家组成的编委会确保内容的准确性、权威性和客观性（访问地址为 https://www.oxfordhandbooks.com/），网站首页如图2.3.5.13所示。2009年该手册系列实现数字化，包括商业与管理、哲学、宗教和政治学四个学科。作为牛津学术出版久负盛名和最成功的系列之一，《牛津在线手册》系列收录了各领域顶级学者发表的深入、透彻的高水平文章，每一篇文章都提供了学术辩论的现状调查和关于未来研究方向的原始论据。这一出版革新使得除印刷版本外，所有手册还可提供在线版本，且在线平台的每月更新使所有学科领域的新文章的在线版将先于印刷版问世，从而确保其时效性和权威性。

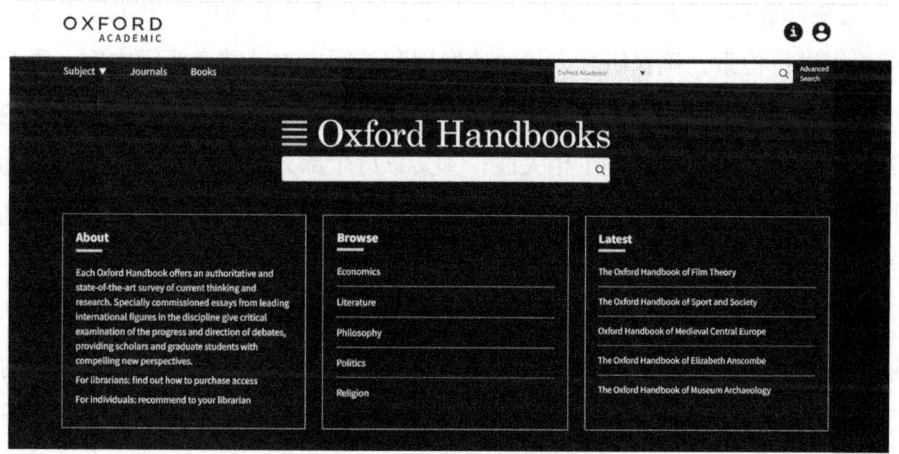

图2.3.5.13 《牛津在线手册》网站首页

大数据时代的工具书资源及知识产权保护

从内容上看，《牛津在线手册》包含学科领域的关键问题和探讨辩论的原始概念、同行评审和研究评论，17个学科包括考古学、商业与管理、经典研究、犯罪学与刑事司法、经济学与金融、历史、法学、语言学、文学、音乐、神经科学、哲学、物理、政府政治、心理学、宗教和社会学。

从更新程序上看，《牛津在线手册》具有以下特征：①快捷高效的更新程序保证资源时效性，该平台支持通过在线同行评审后立即在线发表文章，这些文章扩大了前沿主题的覆盖范围，可以帮助研究人员及时获取最新学术内容、提高产出率并使研究与时俱进；②《牛津在线手册》为每个主题领域分配了主题专家的总编辑和编辑委员会，并委托在线撰写、修订和更新文章，以解决覆盖范围上的不足并扩大对前沿主题的研究，确保全面覆盖所有主题领域；③各主题领域总编和平台编辑委员会、印刷部编辑、牛津大学出版社编辑等不断审阅现有文章，以确保资料的持续相关性和准确性；④为每个主题领域创建有机文档，随主题研究进展而更新，从而能全面记录领域内发展状态和预估研究前景；⑤不断引入新的主题文章，以确保每个领域都提供完整均衡的展示，根据学术反馈、编辑意见、研究需求和用户请求等选取，由总编辑和编辑委员会确定；⑥每月增加新文章和功能来更新网站。

《牛津在线手册》网站具有以下主要功能：①用户可以在书本章节或文章级别进行检索，确保研究人员快速发现和访问书本外或资源间内容；②个性化功能允许用户保存注释和共享文章；③平台支持机器摘录并显示摘录内容和关键词，辅助用户确定相关性；④文章每个部分提供概括性标题，帮助用户快速定位信息；⑤每篇文章都提供一个在特定研究领域的项目或应用的当前状态的调查，包括领域的基本概念，如图2.3.5.14所示。

《牛津在线手册》支持订阅访问，学生或学者需填写"图书馆员推荐表"以进行机构免费试用，机构订阅费用事宜需联系出版社，订阅服务包括获得技术支持、每月机构使用情况报告、提供工具来管理账户、在线问题解答及下载记录。牛津大学出版社致力于确保发展中国家的非营利机构能够获得重要的研究成果，发展中国家倡议计划可免费或费用大幅降低对《牛津在线手册》及其他学术内容的访问。根据《牛津在线手册》的使用协议，订购用

2 工具书资源的基本类型、布局和发展趋势

户可按文章单位打印或保存为 PDF 手册中的内容。牛津大学出版社是《牛津在线手册》网站所有知识产权权利人,并且该网站和该网站上的材料受世界范围内的知识产权法保护,包括版权法和商标法。但网站上出现的每个插图中的版权均归该插图的"图片详细信息"窗口中命名的权利所有者所有,保留所有权利。网站上的插图不得复制、修改、发布或广播或以其他方式分发。

图 2.3.5.14 《牛津在线手册》详细信息页

(12)《剑桥手册》(*Cambridge Handbooks*)

《剑桥手册》系列中的每本手册都提供了语言研究、法律研究和心理学研究领域主要子学科的完整领域概况,电子版网站首页如图 2.3.5.15 所示,涵盖 124 本手册图书资源,支持 5575 个图书手册章节搜索。每本手册的各章分为广泛的主题领域,涵盖了每个主题中最重要的问题和主题,提供了最新理论和发现的连贯图片,不同类型资料将构成该学科整体的综合概述。

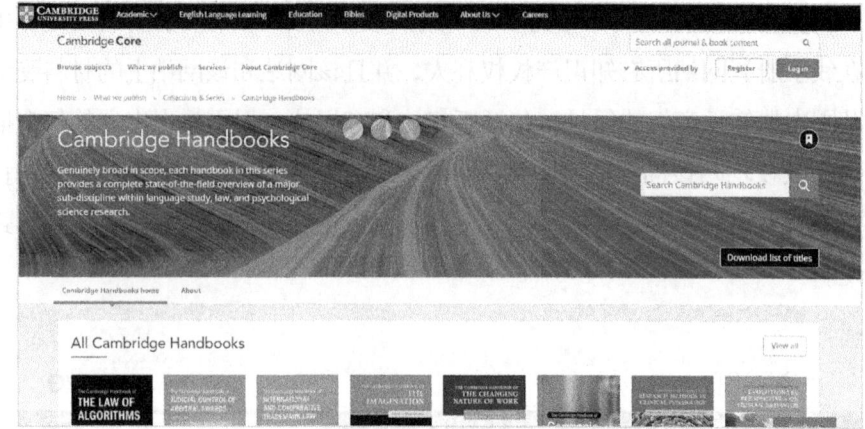

图 2.3.5.15 《剑桥手册》在线版网页首页

《剑桥手册》在一个用户友好且可完全搜索的在线平台上提供对由剑桥大学出版社出版的独特学术内容的访问。剑桥大学出版社在《剑桥手册》上出版了一系列高质量的学术内容,包括领先的期刊、研究专著、参考著作和教科书。根据剑桥大学出版社致力于促进全球学习、知识和研究的承诺,《剑桥手册》目前为全球市场出版380多种经同行评审的学术期刊和33 000多种电子书。剑桥大学出版社作为世界上最大、最负盛名的学术出版商之一,被广泛视为天文学、莎士比亚研究、经济学、数学和政治学等学科领域的全球领导者,反映了广泛学科领域的最新研究成果,内容可在全球范围内(印刷和在线)访问。

《剑桥手册》可通过电子书机构购买模式采购。剑桥大学出版社为不同数据库资料类型提供多种定价模式,剑桥大学出版社的30 000本电子书分为四个类别,每个类别只有一套定价:研究用书(140美元)、课本(215美元)、剑桥图书馆藏书(80美元)、教科书(500美元)。根据剑桥手册网站使用协议和条款,无须剑桥大学出版社的书面许可,用户即可阅读、查看、打印(在允许的情况下)、收听和下载单个页面的内容,以供个人非商业用途使用,但不得以其他任何方式进行复制、更改或传送给他人(除非另有明确说明)。除非该网站上另有说明,否则未经事先书面许可,不得复制、修改、提取、改编、发布、传输、复制、提供或分发或以其他方式使用该网站上的任何内容。同时，开放获取已成为一种重要方式，可让任何人免费访问和查看研究结果；剑桥开放获取通过发布高质量的、经过同行评审的开放获取内容，为作者和广大社区服务。剑桥大学出版社网络资源开放存取政策为作者提供四种可用于其作品的许可选择，包括知识共享署名许可（CC-BY）、知识共享非商业许可（CC-BY-NC）、知识共享非商业性非衍生品许可（CC-BY-NC-ND）、非商业性相同的知识共享（CC-BY-NC-SA）。

2.3.6 名录类工具书资源

名录（directories）是涉及范围很广的一种工具书，包括人名录、机构名录、地名录、厂商名录、报刊名录、研究项目名录等。❶①人名录是主要供查检人物资料的工具书，根据一定范围和标准收录人物姓名并按一定顺序编排，内容一般包括姓名、别名、生（卒）年月、国籍、出生地点、家庭状况、主要经历和成就等，常用的有《美国男女科学家》（*American men and women of science*）、《世界名人录》（*Who's who in the world*）、《美国已故政治家名录》（*Who was who in American politics*）等。②机构名录是一种系统收录政府部门、学术团体或学术机构、工厂企业的名称和地址、概况的工具书，常用的有《学术世界》（*World of Learning*）、《在版名录》（*Directories in print*）、《世界环境组织机构名录》（*World directory of environmental organizations*）、《科技名录指南》（*Directory of technical and scientific directories*）、《世界主要图书馆指南》（*Major libraries of the world*）、《世界大学名录》（*World list of universities*）、《国际出版商名录》（*Publishers' international ISBN directory*）、《中国工商企业名录大全》等。③地名录亦称"地名手册"，是将一定地域内地物的名称、地理位置和有关内容编辑而成的工具书，在我国选用的地名需经国家或地区有关部门审定、批准，在一定程度上起着标准地名的作用，主要内容有地物名称（原名、别名）、位置（所在国家地区的行政位置、地理

---

❶ 康桂英. 网络信息资源检索与科技论文写作[M]. 北京：电子工业出版社，2015.

经纬度）、类别（如居民地、道路网、山脉、水系）等，有的还提供该地物离主要城镇的方向和距离、居民地人口数、地名的简要沿革、资料来源等❶，如《世界地名录》。以下是对纸质版典型名录的列举及简介。

《麦格劳·希尔世界传记百科全书》（Mc Graw — Hill Encyclopedia of World Biography）（英文）是美国麦格劳·希尔公司于1973年出版的传记工具书，收录各学科的世界名人5000多名，侧重已故人物。该书按姓名字顺排列，著录全名、生卒年、国别、事迹、简略评价。全书共12卷，最后一卷是由人名、学科、职业、事件、书名等组成的主题索引。

《英国名人录》（Who's Who：An Annual Biographical Dictionary）（英文）是一部英国老资格的名人录，已有130多年历史，收录军政界、企业界、学术文化界的知名人士，条目内容为姓名、出生年、学历、专业、职务、著作、通信地址等。该书人物选择严谨、语言简练、出版及时，是一部查找英国历史人物和当代人物较好的工具书。

《美国名人录》（Who's Who in America）（英文）每两年出版一次，收录美国、加拿大、墨西哥各界的知名人士。该书条目内容基本上是履历式的传记资料，包括姓名、职业、经历、职务、著作、地址等，许多条目还提供了本人总结的成功经验。

《当代技术界名人录》（Who's Who in Technology Today）（英文）于1982年出版，全书分为四卷，第一卷名为《电子学与物理学技术名人录》，第二卷名为《机械、土木工程和地球科学技术名人录》，第三卷名为《化学和生物科学技术名人录》，第四卷是名人姓名及专业关键词累积字顺索引。各卷按名人的姓氏字顺排列，卷首有专业学术机构名称索引。

《世界机构简称指南》（World Guide to Abbreviations of Organizations）（英文）于1981年出版第六版，收录了世界上大部分地区各种机构的简称，共2750条。简称按英文字顺排列，并用所属国文字注明该机构的全称。

《机构简称和地址指南》（Acronyms and Addresses of Organization）（英文、

---

❶ 丁文进. 档案学词典［M］. 上海：上海辞书出版社，1994.

2 工具书资源的基本类型、布局和发展趋势

法文、西班牙文）由联合国工业发展组织（UNIDO）于1983年出版。机构按英文字顺排列，采用英文同法文、西班牙文互相参照的形式编写，提供世界上约1500个重要工业组织缩写、全称、国别、详址、邮政信箱和编码。

《世界科学协会与学会指南》（*World Guide to Scientific Associations and Learned Societies*）（英文、德文、法文）。该书由西德弗拉格文献出版公司（Verlag Documentation）于1984年出版第四版，介绍150多个国家（包括中国）的22 000多个科学协会和各种学术团体。所有机构先按州、国家排序，再按机构名称的字顺编排，后有按学科（专业）编排的机构名录。

《国际研究中心名录》（*International Research Centers Directory*）由盖尔公司于1982年出版，后每两年出一新版。1998年版收录125个国家的8000多个机构，包括政府、大学、独立非营利机构、商业研发中心、研究所、实验室、数据手机分析中心、基金会、委员会及其他支持研究的机构。

《欧洲研究中心》（*European Research Centres*）（英文）由英国郎曼集团公司（Longman Group Limited）于1982年出版，分为二卷，介绍欧洲各国科学、技术、农业、医学的研究机构，最后附有机构名称索引和主题索引。

《欧洲协会指南》（*Directory of European Associations*）（英文）由英国中央商务区集团有限公司于1979—1981年出版，全书共分两部分，第一部分收录欧洲国家全国性的工业、贸易与专业协会，第二部分收录欧洲各国的科技协会。各协会按分类排列，卷末有各组织缩写名称索引和字顺索引。

《美国组织机构大全》（*Encyclopedia of Associations*）（英文）由美国盖尔研究公司（Gale Research Co）于1982年出版第十六版，全书共三卷：第一卷介绍美国全国性组织15 400个，按17个大类编排，卷末有关键词索引；第二卷为第一卷的索引卷，收录第一卷所介绍的组织机构及主要官员；第三卷以活页刊物形式发行，主要收录新近出现的组织，以保持该书的新颖性。

《全国试验研究机关名鉴》（日文）初版于1963年，于1982年出版第九版。该书介绍日本全部试验研究机构，包括各大学所属研究所和研究设施，提供机构所在地、主要设施、设备、经费、研究内容、成果和今后研究计划等。

《中国企事业名录大全》由经济科学出版社于1986年出版，共分四卷收入全国15万多个企事业单位的名录，包括名称、地址、电话、电报、产品或业务范围。该书按省、直辖市、自治区编排（台湾省暂缺），省内的名录按国家标准《国民经济行业分类和代码》所规定的行业顺序编排，附录中编入此标准。

《世界机械电子公司大全》由机械工业出版社于1987年出版，是我国第一部收集最全的世界机电企业名录，上册收集美国、英国、加拿大、意大利等13个国家的一万多家机电企业；下册收集日本、法国、东南亚等国家或地区9000多家机电企业，包括公司名称、规模、经营范围、地址等。全部机构分国家按字母顺序排列，另有按国家再按产品分类编制的索引。

《世界大学名录》（World List of Universities）（英文、法文）由国际大学协会编辑，于1982年出版第15版。该版提供了世界上154个国家的8500多所大学的简单资料，对重要的国际性及全国性的高教组织也作了介绍，书末附有大学假期表、国际大学协会介绍、分国索引、国际性和区域性组织索引。

《美国大学和学院》（American Universities and Colleges）（英文）由美国教育委员会编辑出版，初版于1928年，每四年修订重版一次。该书介绍了美国高等教育和职业教育的情况，并按州介绍美国的大学和职业学校，内容包括历史、入学条件、手续、费用、专业设置、学位、外国留学生等。

（1）《学术世界》（The Europa World of Learning）

《学术世界》由美国欧罗巴公司于1947年开始出版，每年出一新版。该书全面收录各国各类学术机构及其主要情况，正文分为两部分，前一部分是国际组织，首先介绍联合国教科文组织（UNESCO），而后按学科介绍数百个国际组织；后一部分是国家组织，按国名顺序编排各国的学术机构，提供学术团体、研究机构、博物馆、图书馆、高等院校等组织机构的信息。其中，对重点高等院校等机构的介绍，包括校名、校址、校领导、所涉院系、教授姓名及其学术专长、教工及学生人数等。正文后有机构索引。《学术世界》已被公认为全世界学术领域的主要信息来源，其在线版本（访问网址：https://www.worldoflearning.com/）提供了一系列完善的搜索和浏览功能，内容定期更新（全年全面修订和更新）。从数据总量上看，《学术世界》在线数据库最新的更新包含 36 000 个条目的完整目录详细信息，14 000 所大学和学院，4000 个图书馆和档案馆，5000 个学术学会，6500 个研究机构及 4900 个博物馆和美术馆，覆盖全球超过 225 个国家和地区，包含 600 个国际组织。从具体内容及功能特色上看，详细介绍了超过 200 000 名员工和官员的详细信息；涵盖每个重要的图书馆，并提供馆藏的数量和馆藏的突出特点；主要大学的教授将按姓名列出，并列出其专业领域；所有条目均提供名称、地址、电话号码、电子邮件和互联网地址、主要人员、活动和出版物（如果有）；出色的全球学术邮件列表。

《学术世界》在线数据库提供多种年度订阅方案，订阅的价格取决于机构的类型、规模或并发用户数。订阅者可下载《学术世界》存档的印刷版本，内容覆盖系列国际学术主题。《学术世界》在线数据库版权归泰勒–弗朗西斯出版集团所有。

（2）《世界名人录》—欧罗巴传记数据库（World Who's Who）

《世界名人录》—欧罗巴传记数据库（在线版访问地址：www.worldwhoswho.com）（以下简称《世界名人录》）是一份必备的在线人物传记参考工具书，荟集 60 000 多位最具影响力的名人，包括政治家、慈善家、运动明星、音乐家、科学家等的详细介绍，名单在不断更新。新近的《世界名人录》汇集了当前和难以找到的传记信息，涵盖各个领域中约 70 000 名最有天赋、最著名和最有影响力的人。

在《世界名人录》中可以使用各种完善的搜索和浏览功能，研究人员不仅可以在最杰出的同时代人中快速找到当前所需的职业、联系方式和其他个人履历，还可以找到自 2000 年以来死亡的参赛者的存档信息。数据库精心挑选了国家元首、主要部长、政治人物、外交官和宗教领袖，以及在商业、金融、技术、电影、音乐、文学、时尚、体育和许多其他行业中举世闻名的成功人士编辑。每个人物词条包括国籍、专业领域、出生日期及地点、教育程度、婚姻和家庭详情、过去职业和目前职位、荣誉和奖励、出版物、艺术成就、休闲兴趣和联系方式。

《世界名人录》可让用户轻松快捷地访问世界范围内各个领域的杰出人物的最新个人简历。丛书系列目录包括：①《国际名人录》，拥有超 24 000 个条目，涵盖科学、医学、体育、国际事务等领域的最杰出和最有影响力人物，被《国际事务》称为"任何良好参考图书馆的必备"。②《国际古典音乐名人录》，是有关 8000 多位歌手、乐器演奏家、作曲家、指挥和管理人员的传记信息，每个条目都包括个人信息、主要职业、曲目、唱片和作品以及联系方式（如果有）。③《国际流行音乐名人录》，可访问 7000 多个传记，这些传记记录了全球流行、摇滚、民间、爵士、舞蹈、世界和乡村艺术家的职业和成就。④《国际事务名人录》，向用户提供有关全球国际政治、外交、法律和经济事务领域近 6000 名杰出人物的权威传记信息。除政治家和外交官外，还可以找到活跃于外交领域或与之相关的学者、智囊团分析师和新闻工作者的信息。⑤《国际诗歌名人录》，收录了全球 4000 多位当代诗人的传记，包括与诗歌相关的奖项、组织和出版物的详细摘要。⑥《国际作者和作家名人录》供记者、电视和广播公司、公共和学术图书馆、公关公司、文学机构及该领域中需要最新信息的任何人使用。⑦《国际女性名人录》，列出来自不同背景的 7000 多个条目，反映女性在现代社会中的重要作用。

《世界名人录》资源和服务版权归泰勒－弗朗西斯出版集团所有。根据该数据库使用条款和条件❶，被许可人或任何被授权用户均不得瞬时或永久地在任何介质上存储、转让、传输、复制、借给任何第三方，发布或以其他方式利用本许可授予以外的权利。被许可人或任何被授权用户均不得将被许可材料全部或部分用于馆际互借。

（3）欧盟成员国的国家药品注册清单

欧洲药品管理局（European Medicines Agency，EMA）（访问网址：https://www.ema.europa.eu/en/medicines/national-registers-authorised-medicines）是欧盟（EU）的下设机构，成立于 1995 年，负责对欧盟药品进行科学评估、监督和安全监控，由独立的管理委员会管理，其日常运作由工

---

❶ Taylor & Francis Group. Terms and Conditions of License of eBooks and Digital Products [EB/OL]. [2020-11-05]. https://www.taylorfrancis.com/terms-and-conditions.

作人员负责,并由执行董事监督。欧洲药品管理局是一个网络组织,其活动涉及来自欧洲各地的数千名专家,他们负责科学委员会的工作。欧洲药品管理局的使命是促进药品评估和监管方面的科学性和有效性,以造福人类和动物健康,具体包括促进药物开发和获取、评估营销许可申请、在整个生命周期中监控药物安全性、向医疗保健专业人员和患者提供信息。

欧洲药品管理局提供药物数据下载途径,从网站以 Excel 表格格式下载药物相关数据,包括欧洲公共评估报告(EPAR)、欧盟委员会拟定的决定、意见摘要、撤回申请、儿童检查计划等9个类别,网站每天更新一次药物数据表。欧洲药品管理局已编制了欧盟(EU)和欧洲经济区(EEA)不同成员国的国家药品注册清单,其中包含有关在这些国家或地区授权使用的药品的信息,包括指向医疗保健专业人员(SmPC)产品信息和包装传单的链接。

（4）人物传记资源中心（Gale Biography in Context）

人物传记资源中心（访问地址:https://www.gale.com/intl）包括全球52.5万人的64万多个传记条目、4800多个当代或历史人物的门户网页,介绍各个学科、各个领域、不同国家、不同种族的著名人士的传记资料,涵盖文学、历史、政治、商业、娱乐、体育和艺术等领域的知名人物和重要事件,包括传主的生平资料、获奖情况、从事的职业或从事的研究等相关翔实的资料。这些人物的信息来自盖尔集团50年来出版的700多卷独家拥有的权威传记出版物、300多种报纸杂志、原始资料和网站等,如 Encyclopedia of World Biography, Contemporary Black Biography, Who's Who Among African Americans 等,可链接到19 000个经过权威考察的世界著名人士的官方和权威网址,每年新增数千个相关网站。人物传记资源中心数据库收录了300余种学术期刊中的全文文章,部分期刊在 ProQuest 的 Academic Research Library 数据库及 EBSCO 的 Academic Source Premier 数据库中也有收录,该库与 ProQuest、EBSCO 数据库中重复的期刊数量分别为237种、193种。

从主要功能和使用特点上看,人物传记资源中心提供了多元化的信息收集和呈现方式:①通过 ReadSpeaker 文本到语音技术将文章翻译成20多种语言,以适应不同的背景。②引文工具直接将引文信息集成到用户的工作流

大数据时代的工具书资源及知识产权保护

程中,支持 MLA、APA 和 Chicagostyle 引文。格式化的引文可以很容易地从单个或多个文档导入到 EasyBib 或 NoodleTools 等服务中。③关于搜索逻辑,研究人员可按 Lexile 范围进行搜索,也可根据基本、中级和高级复杂程度查找内容,同时具备分类浏览、基本检索、高级检索和传记事实检索,支持布尔逻辑检索。④检索结果页面提供了 9 种工具(Bookmark、Download、Share、Citation Tools、Email、Print、Dictionary、Translate、Save)对文献进行处理。⑤多形式内容集合,人物传记资源被组织成一个用户友好的门户网站体验,融合盖尔权威参考内容,包括来自数百家主要期刊和报纸的视频、音频、影响、文章等。⑥协作工具 G Suite for Education 和 Microsoft Office 365 工具的强大功能,使用户能够轻松地共享、保存和下载内容,包括笔记。

(5)"中华经典古籍库"(在线版)

中华书局推出的"中华经典古籍库"(在线版)是此前推出的大型古籍数据产品"中华经典古籍库"(局域网版)的升级产品,也是中华书局版点校本古籍的首度数字化,六期总共收录了近 2694 种中华书局出版的整理本古籍图书,涵盖经史子集各部,总共 12 亿字,包含了《二十四史》及《清史稿》"通鉴系列""新编诸子集成""清人十三经注疏""史料笔记丛刊""学术笔记丛刊""古典文学基本丛书""佛教典籍选刊"等经典系列,不断递增文献数据,每年推出一辑。

"中华经典古籍库"(在线版)为广大读者提供了丰富的古籍数字化阅读、检索服务,以及必备的辅助工具。产品不仅提供了保留专名、注释、校勘等全部整理成果的数字文本,更实现了文本与原书扫描图像的一一对照,并能自动生成引用格式,省去了读者核对纸书的麻烦,还添加了独具特色的人名异称关联检索,给学者的研究带来极大便利。"中华经典古籍"(在线版)的创新功能是"索引",如中华书局专门为此搭建了"专名词库",将人名、篇目、事件、地点、职官、纪年等专名分门别类单独标引并构建这些知识点的资料库;又如提供"异称关联检索",在繁简、异体字关联检索的基础上,整理并增加了人名、地名异称的关联,如字号、别号、谥号、官职等同步检索,简化了多次检索的烦琐操作,使检索更加灵活全面。

3

工具书资源的形态变化和可持续获取性评价

3.1 网络化、数字化条件下工具书资源的形态

现代信息技术为传统工具书的编纂提供了新技术，为其出版提供了电子载体，促使传统工具书的编纂、出版、再版、发行产生了革命性变化。❶

3.1.1 传统出版向网络出版转型

随着互联网信息资源的普及，人们的信息查阅习惯和查询方式发生了很大变化，由过去只使用传统工具书，变成了传统工具书和数字化工具书并重，甚至有人基本上只使用数字化工具书。在线阅读和移动终端阅读成为许多人的读书常态，工具书的载体逐步向数字化转变。

国内一些学习型、规范型工具书，如《新华字典》《现代汉语词典》，其纸质图书仍是广大学习者案头常备的工具书，这些工具书一直都保持着比较

---

❶ 光明日报. 从"大部头"到数字化平台 辞书App带来了什么［EB/OL］.（2019-09-16）［2020-05-15］. http://media.people.com.cn/n1/2019/0916/c40606-31353792.html.

高的纸质书销量。为了让读者使用更便捷和扩大词典的学习功能，出版方陆续推出词典的应用程序，纸质版和网络版并行。例如，《现代汉语词典》App就开发了有特色的"智能词典助手"模块，具有快捷查询和学习功能，如词语辨析、近义、反义词、词语、成语接龙、组词、部首、笔顺等拓展学习的板块。❶

外文数字资源的发达，除了网络开放资源盛行外，也不乏一些来自权威出版商、高质量的工具书数据库平台。国外几大权威出版商已有逐渐将其内容向网络出版转型的趋势，常见外文工具书在线数据库平台见表3.1.1.1。从内容和应用上来看，平台大致可以分为以下4种❷。

1）在线字典、辞典类，如牛津多语种在线大辞典（OLDO）等。

2）由涵盖多学科的一套或多套参考工具书组成的综合性在线资料库，如大英百科全书在线、Wiley在线参考书等。

3）学科性较强，通常适用于某种专业用途的数据库，如Elsevier Reaxys化学合成资料库、Springer Protocols在线实验室指南等。

4）在线检索型工具书，如Ulrichsweb国际期刊指南、OCLC联合目录等。

表3.1.1.1 常见外文工具书在线数据库平台

平台及数据库	类型	内容及更新	学科领域
Elsevier Science Direct-reference modules	在线工具书	选取100余种学科参考书中的30 000余篇文章及图片等，内容持续审阅及更新	地球系统与环境科学、化学/分子科学与化学工程、食品科学、生命科学、生物医学、材料科学与材料工程、神经系统科学7个学科模块

---

❶ 光明日报. 从"大部头"到数字化平台 辞书App带来了什么［EB/OL］.（2019-09-16）［2020-05-15］. http://www.cnpubg.com/news/2019/0916/44367.shtml.

❷ 赵慎安. 数字资源环境下工具书服务的思考——以上海图书馆外文工具书为例［J］. 情报探索，2018（11）：91-94.

3 工具书资源的形态变化和可持续获取性评价

续表

平台及数据库	类型	内容及更新	学科领域
Wiley online library–Wiley online reference works	在线工具书	230余种参考工具书,包括百科全书、辞典、手册,其中30余种持续更新	数学与统计学、物理学、化学、生命科学、医学、计算机、工程学、地球与环境科学、材料、农林牧业、经济管理、人文社科等
Springer Link–reference work（含原 Palgrave Connect）	在线工具书	900余种参考工具书,多为大型百科全书及多卷手册;包含原Palgrave Connect 多部工具书,如《新帕尔格雷夫经济学大辞典》等	生物医药、工程学、社会科学、物理学、化学、经济管理、环境科学等多学科
Gale Primary Sources–Virtual Reference Library	在线工具书	收录 Gale 出版社六十年来出版的1700余种的参考工具书	理工、人文社科等
Oxford Reference Online	在线工具书	500余种参考工具书,包括牛津辞典、牛津指南、百科全书、学科参考书等,超过200万项条目;内容每年更新	艺术与建筑、商业、生物学、古典文学、计算机、经济、食品与饮品、医学、表演艺术、科学等
Encyclopedia Britannica Online	在线百科全书	收录了超过124 000篇文章、23 000篇传记,可链接150余种在线杂志与期刊;内容持续更新	多学科
Oxford Language Dictionaries Online	在线语言辞典	牛津大学出版社双语辞典的在线版本,提供包括汉语在内的8种语言与英语的互译,内容实时更新	—

107

与传统纸本出版相比，工具书在线数据库平台具有以下五个方面的特点。

1）更新周期快，已出版的资料保持及时审阅修订和内容增添。例如，相比《牛津英汉双解词典》每版之间一年的出版间隔，《牛津多语种在线辞典》则保持实时更新，符合工具书准确度、时效性要求。

2）资料深入加工。不仅以整本原始文献呈现，还将书内章节、文章、图表等元素抽取为单独条目，并添加标题、关键词等检索入口，增加工具书的使用性。

3）检索便捷。资源依靠平台所提供的高级检索、条件限定、结果排序等功能，可跨书本检索，相较传统书籍要先定位到特定书目再根据目录、索引查找内容的方式，提高了效率和精确度。

4）内容载体广泛。除了文字外，还包含图片、照片、影像等多媒体资料。

5）提供与其他类型文献的交互链接。如相同平台上的同学科期刊、图书，或经筛选的优秀网络资源，拓展阅读。

3.1.2 传统工具书向融媒工具书方向发展

为了适应融媒体时代网络工具书在技术层面的结构框架、知识分布和组织形式的发展，应积极开发工具书应用程序等在线工具书产品。后者不仅将纸质内容移植到网络或电子设备上，更是增加了与原有知识相关联的新内容，以及与内容匹配的音频、视频、动画等新形式，提供配套的知识服务，形成一个大的资源库、知识库。推出的工具书是立体化、全方位的融媒体形式，线下是科学、严谨的纸质工具书，线上则是准确、系统、便捷、高效的知识服务平台。

以词典类工具书为例，传统词典与网络词典有以下四点不同。

1）文本性质不同。传统词典是平面文本，网络或数字词典是多媒体或多模态文本。

2）文本内容和知识结构不同。传统词典主要是文字释义，图片是释义的附加信息。而在网络词典中，音频和视频将是释义的重要形式，"视触觉"是其重要功能。

3）文本结构不同。传统词典的知识项是在平面媒体上线性排列的，而网络词典则是按数据库结构存储的——同一词条的信息项分别存储在不同的地方，并做特征标注。

4）词典的规模和类型划分不同，传统词典有较严格的类型划分和篇幅限制，而网络词典没有规模制约，是规模化、综合化、系统化的词典。

2010年，全球最权威的英语词典、20卷的《牛津英语大词典》宣布停止推出印刷版，改为网上付费阅读的电子书。2012年，《大英百科全书》也宣布不再印刷纸质版。智能化和垂直化是词典App的发展趋向。海外"词典大佬"朗文、剑桥、剑桥大学、科林斯、韦氏、麦克米伦等都十分重视词典App的开发设计。

3.1.3 专题数据库的市场化和多元化发展

专题数据库是数据内容侧重于某一专题的数据库，常针对某种专业应用而建立。随着大数据时代的到来和数据分析技术的发展，专题数据库的存储形式、存储类别、分布式存储和大数据分析手段等也随之变化和发展。

以材料数据库为例，在近代科学技术的推动下，材料的种类日益增多，不同效能的新材料日益涌现，材料数据库的研究开发经历了由少到多、由简单到复杂的发展历程。这些数据库可分为专业研究机构开发的材料数据库和商业化材料数据库两类。专业研究机构开发的材料数据库，数据存储内容通常与研究机构的需求有关。随着材料数据库行业的市场化和多元化发展，不同类型的商业化数据库与日俱增。这些商业数据库通常采用结构化第三方数据手册与企业自有数据库结合的形式，既可以满足用户对外部参考数据的查询，也可以支持企业自有数据的录入和管理。另外，商业化数据库通常通用性强，导入导出灵活，能够与计算机辅助设计等外部工具实现集成，形成用

户解决方案。❶

材料领域著名的材料工程软件 Granta 最初由英国剑桥大学学者研发，用于教学，后发展为支持工业材料和工艺优化的软件。2000 年，世界最大的材料工程专业组织——美国材料信息学会（ASM）投资 Granta，并成为主要的战略合作伙伴。Granta 按用户需求驱动，致力研究企业中材料信息管理、分析和部署等问题。与材料数据管理联盟（MDMC）（众多一流工程企业合作项目）合作的工程中，共同研发了 Granta MI 企业材料数据管理平台。❷

企业私有材料数据（包含测试、研究、质检、设计等数据）和外部参考材料数据在 Granta MI 系统内进行整合与管理，经验证后的材料数据可发布至数据库中，获得授权的用户可通过浏览器或系统接口（CAD/CAE/PLM）进行材料数据的浏览、检索、应用、可视化分析等操作。

Granta MI 为企业构建了一个协同的统一材料数据源，可以综合企业内部的试验、设计、历史积累，或者企业外部材料信息等数据资源，形成为产品设计和仿真分析服务的企业级材料信息管理系统。材料专家可以利用 Granta MI 管理、分析、验证、维护这些材料数据，并以安全、可控的方式发布、共享这些信息。工程师和其他专业人员在工作过程中，可以方便地按照权限机制访问、利用这些信息，并确保这些信息是最合适的、相互关联的、可追溯的。材料数据管理包含材料数据的浏览、检索、筛选、对比、版本管理、数据可信度等功能。Granta MI 同时融合了多种标准材料数据库，能够为产品设计提供丰富的材料数据信息。这些数据库涵盖了通用材料、航空航天、塑料、医疗器械等多个领域，同时支撑企业自有数据录入，接受所有主流格式转换。利用 Granta MI 管理、分析、验证、维护这些材料数据，并以安全、可控的方式发布、共享这些信息。借助这套材料信息管理系统，进一步分析、整合信息而形成企业的决策方案。

---

❶ 刘芳宁，王越，孙瑞侠. 材料数据库的现状与发展趋势［J］. 科技创新导报，2018，15（34）：149-151.

❷ GRANTA MI 企业材料数据管理平台［EB/OL］.［2020-09-15］. http://www.peraglobal.com/content/details_265_4645.html.

3.1.4 以需求为导向精准开发产品形态

知识服务最终要以产品的形态落地，进入用户的学习、生活和工作等场景之中，解决用户的知识需求，实现产品价值和用户价值。工具书知识服务需要在充分分析用户市场、把握用户需求差异的前提下，以需求为导向精准开发产品服务的具体形态，组建需求响应合理、服务配置优化的产品矩阵，为用户提供目标化、多层次、全方位的知识服务。工具书知识服务产品形态的研发，要随着用户需求、出版技术、信息技术的发展而不断推陈出新，与时俱进。在一段时期内，工具书知识服务产品形态主要有以下类型。❶

（1）集成化数据库

集成化数据库是指以优质的纸质出版资源为内容基础，以集成化、数字化为处理手段，整合、重组一系列相关知识内容形成的知识服务产品，主要面向图书馆、学校等机构用户，侧重于解决特定用户群的整体化知识需求。《商务印书馆精品工具书数据库》《圣智盖尔数字图书馆数据库》等即为此类服务产品。

（2）专业化知识库

专业化知识库是围绕特定领域或特定行业知识需求，将相关知识内容按照专业知识体系框架重新组织开发的知识服务产品，通常面向特定的行业用户，侧重于解决用户的行业性或专业性知识需求。化学工业出版社开发的《化工知识库》、Taylor & Francis 出版集团的《CRC 化学物理手册》、Elsevier 出版集团的"Knovel 数据库"等即为此类服务产品。

（3）互联网云平台

互联网云平台充分发挥互联网的载体优势和传播效能，利用大数据、云计算、人工智能等先进技术，以平台的方式将知识内容和知识方案更加高效、便捷、及时地提供给广大互联网用户，具有鲜明的交互性和开放性，可

---

❶ 王永耀. 传统出版知识服务转型的实现路径——以工具书出版为例 [J]. 现代出版, 2018（2）：38-41.

充分发挥UGC（用户生产内容）、PGC（专家生产内容）等内容生产和服务模式的优势，产生更具黏性和深度的服务效果。互联网云平台既面向机构用户也面向个人用户，解决终端用户的个性化知识需求。研发中的"商务印书馆工具书云平台"即为此类服务产品。

（4）智能移动App

将单部或相关的多部工具书或专项的工具书知识内容开发为移动App，满足个人用户随时随地的碎片化应用需求。智能移动App通过用户行为大数据分析挖掘用户的需求特性，具有较高的智能化和个性化特征。此类产品面向个人用户，解决用户的个性化知识需求。《新华字典》App、《牛津高阶英汉双解词典》App等即为此类产品。

（5）SDK接入知识包

将工具书知识方案技术化处理为SDK知识包（Software Development Kit，软件开发工具包），满足局域网用户或软件集成商在特定环境下的使用需求，如将研发汉字书写知识SDK包接入中小学校园网，可实现教师教学需求，融入课堂；SDK工具书包可集成到电子书包和智慧课堂等应用中。此类产品主要解决多场景应用问题，最终解决终端用户的个性化知识需求。

（6）自主订阅客户端

用户需求呈现多样性、个性化，工具书知识服务后台是一个"中央厨房"，可根据用户的自定义需求（如知识痛点、应用偏好等），利用人工智能、大数据等技术，为其提供针对性的、智能重组的知识方案，而用户通过自主订阅客户端来自定义设计需求、接收方案、应用方案、反馈效果和修正方案。此类产品侧重于为个人用户提供点对点、定制化的知识服务。

3 工具书资源的形态变化和可持续获取性评价

3.2 网络化、数字化条件下工具书资源的销售、使用及服务方式

3.2.1 专业学协会、国际组织公共服务平台

比如国际货币基金组织（IMF）维护网站和移动应用程序（站点），IMF数据库分为 IMF eLibrary 和 IMF DATA 两部分，于 2020 年起免费向公众开放。向访问和使用该工具的人提供直接访问其信息、文档、数据和材料的权限。IMF 授予用户访问其网站以及从网站下载和复制信息、文档和资料的许可，仅用于个人、非商业用途，无权转售、重新分发、汇编或创建衍生作品，须遵守这些条款和使用条件，并受到适用于网站内特定信息的更具体的限制。保留此处未明确授予的任何权利。❶

英国皇家化学学会（Royal Society of Chemistry，RSC）为化学相关学者与从业人员提供化学结构式相关信息的免费在线搜索服务网站 ChemSpider（免费的化学结构数据库）。RSC 是亚马逊欧洲公司联合计划的参与者，该计划是一项联盟广告计划，旨在通过广告和链接到 Amazon.co.uk 的方式为网站赚取广告费。根据 ChemSpider 使用权限规定，用户可以浏览、下载或打印网站提供的材料，但仅限用于个人、非商业、非公共用途，而且必须保留这些材料中包含的所有版权和其他所有权声明。❷

---

❶ 国际货币基金组织. 版权和使用［EB/OL］.（2020-01-02）［2020-05-15］. https://www.imf.org/external/terms.htm.

❷ 英国皇家化学学会. 数据库使用条款［EB/OL］.（2020-04-27）［2020-05-15］. https://www.rsc.org/help-legal/legal/terms-conditions/.

3.2.2 词典 App 付费运作模式

词典 App 是伴随着 AppStore 和智能机的发展趋势而出现的一个新的电子器件词典种类,这类词典 App 数量多,主要在 AppStore 的参照和教育类别下。以词典 App 的开发商来归类,大概能够分成四类。❶

第一类是著名的出版社开发设计的词典 App。例如,Merriam-Webster Dictionary Pro App 是由 Merriam-WebsterInc 公司开发设计的,Longman Dictionary of Contemporary English App 是由 Pearson Education Limited 公司开发设计的。上海市外国语文化教育出版社也开发设计了外教社大学英语词典 App。

第二类是互联网企业在 AppStore 发布的词典 App,如微软必应词典 App、有道词典 App、搜狗搜索词典 App、金山词霸 App、每个人词典 App、扇贝单词 App 等,其中有象征性的是有道词典 App。据新浪教育报道,有道词典用户在 2018 年年初提升 7 亿元价位,2017 年度用户付费收益经营规模比 2016 年提高 530%,产生极强的营运能力。

第三类是数据出版公司。与出版社协作,数据出版公司提供服务支持,出版社分享词典的数据著作权,以数据出版公司为名在 AppStore 发布词典 App。数据出版公司在 AppStore 得到收益后,与出版社依照承诺的比例,共享盈利。其中,发展趋势不错的是"海笛"系列产品词典 App,据海笛词典官方网站介绍,从 2013 年开始海笛合理布局语言行业的内容著作权,现阶段在语言类专业出版行业全部数据著作权已拥有 80% 的市场占有率。与世界各国诸多著名出版社如商务印书馆、人民教育出版社、外国语教学与研究出版社、上海译文出版社、剑桥大学出版社、培生集团等达到了优良的合作关系。新剑桥英汉双解大词典 App、朗文当代高级英语辞典 App、外研社法文大词典 App 等均是海笛和出版社以上述合作方式出版发行的词典。

---

❶ 广州电子词典 App 开发 – 词典 App 开发需要钱?盈利的点在哪[EB/OL].(2020-08-31)[2020-05-15]. https://www.hboxs.com/archives/20200831105026384.html.

第四类是独立开发者依靠已得到授权的词典内容或没经授权的词典内容开发设计的词典 App，未授权的词典非常容易造成版权侵权，归属于盗用词典 App。

目前词典 App 的盈利模式主要有以下八种。

1）单纯性借助用户一次性免费下载付费模式，费用较贵，不易被用户接受。

2）依靠广告收益模式，这类词典一键下载，根据各种各样的广告来盈利，用户容易因为无关广告而卸载词典。

3）订阅付费模式，用户可根据需求按月、按季、按年订阅付费，灵活实惠，易被用户接受。

4）词典 App 会员制模式，提升词典个性化服务，对个性化服务设定为内购付费，对 VIP 会员执行阶梯标价，不一样环节的 VIP 会员能够享有不一样的个性化服务，这种模式能较好地吸引用户。

5）精准推送广告盈利模式，根据互联网大数据记录用户应用习惯、要求、查找记录等，为此保证精准推送广告，可减少用户对广告的排斥感。

6）增加用户黏性，对活跃用户采用奖励积分、红包、返现等模式防止用户流失。

7）词典内置于智能操作系统，与智能操作系统合作，然后由智能手机操作系统或者手机制造商按照约定方式付费模式。传统辞书出版社还可以与数字出版商合作，出版社负责提供辞书内容，数字出版商负责设计、制作和运营词典 App，双方按照一定比例对收入进行分成。出版社将自身优势内容与数字出版商合作，形成双赢的盈利模式。

8）词典与移动阅读、在线教育等使用场景相结合，利用词典带来的用户和流量优势，发展在线教育，引导词典用户为在线课程付费、为移动阅读付费模式。

3.2.3 付费网络百科全书的 SoLoMo 模式

目前，国内外的专业网络百科全书大部分都需要通过注册付费才能获得完整的知识浏览和检索服务，服务方式较为单一，用户也基本局限于科研人员和高校师生。SoLoMo 模式是社交网络、本地服务和移动终端三者的融合。

一是社交平台的兴起，不仅丰富了网络百科全书的知识传播方式和途径，而且提高了传播效率，其即时通信功能也为用户与用户、用户与网络百科全书管理者之间的沟通提供了有效途径。社交网络让网络百科全书的知识服务渗透到用户的日常生活，成为每日社交活动中的一部分。

二是本地服务是一种基于用户地理位置信息的个性化服务。这种服务方式一方面拓展了网络百科全书的服务方式，另一方面也为用户间建立联系提供了新的渠道，增强了网络百科全书的用户黏性。

三是移动版网络百科全书打破了其网页版在时间和空间上的使用局限，这种不受时间和空间限制的阅读方式，可以让读者的碎片化时间得到充分利用，移动设备与移动客户端不仅可以拓宽网络百科全书的服务范围，还可以丰富网络百科全书的服务内容和服务手段，让网络百科全书发挥更大的效用。

3.2.4 开放网络百科全书的 Wiki 模式

Wiki，中文多译为"维客"或"维基"，是一种采用多人协作模式的超文本写作系统。Wiki 是开放性编辑系统，适合多人协同写作。Wiki 技术催生了一大批各式各样的网络百科全书。比较有影响的有：可以自由编辑、免费使用的维基百科；需要编辑提供真实姓名和身份，并要求内容通过专家评审的大众百科；按照商业盈利模式运营的互动百科；作为搜索引擎重要组成部分的百度百科；需取得原作者同意才能编辑修改的谷歌 Knol；专注于经济管理领域知识的 MBA 智库百科等。其中维基百科创立时间最早，一度成为其他网络百科创建和模仿的范本,也是目前用户数量和词条数目最多的网络百科。

以维基百科为例,维基媒体基金会是负责管理和支持维基百科、维基词典等一系列维基项目的非营利性组织,是维基百科的主要资金来源。由于维基知识库拒绝广告,所以小额捐款、硬件捐赠、专项资金及网络巨头的支持和援助成为维基知识库的主要资金来源,为维基知识库的免费共享提供了经济基础。

MBA智库百科在版权规则中指明,遵循由自由软件基金会所公开发行的协定。智库允许任何人自由访问其内容,换言之,智库百科的内容可以被复制、修改和再发布,只要新的版本也同样遵循协定,并且注明来自智库百科。百度百科除了遵循协议之外,还参照协议"知识共享"协议,内容涉及署名要求、非商业性使用、禁止演绎等。国内其他百科也允许用户复制、转载百科的内容,出于对知识的尊重,有的百科要求用户在复制转载时注明内容的来源。

3.2.5 商业数据库订购模式

目前商业数据库主要的服务方式包括以下四种。

1)数据商租用专线为用户提供在线服务,用户无须支付流量费,也没有国际访问权限限制。

2)数据商为用户提供在线服务,但用户需要自己支付流量费并且仅具备国际访问权限的机器可以访问数据库。

3)数据商为用户在本地建立镜像服务器,用户不受流量费及国际访问权限限制,但需要自己配备服务器设备。

4)数据商为用户在国内某地建立镜像服务器,用户统一在线访问该镜像服务器,不受流量费及国际访问权限限制,也无须配备服务器。

3.3　工具书资源的可持续获取性评价

在信息爆炸时代，人们随时查检知识和资料的需求大大增加。各种词典、百科全书、年鉴、手册、指南等都是为了满足人们快速查检知识和资料而编撰的工具书。在评价工具书数据库时应考虑以下内容。❶❷

一是内容评价。具体包含四个部分的内容：①内容的权威性和准确性是内容评价的重点。工具书数据库通常收录知识事实、统计数据、分析报告、化学反应式、基因图谱、名录等信息。信息的来源应该具有权威性和准确性，只有这样，数据库的学术性才强、价值才高。②内容的范围和深度。综合性工具书需将各类知识有机地融合起来，全面、系统、完备，回溯时间长。专门类工具书虽不可能包罗万象，但在其收录范围内的信息应该尽可能全面，并具备一定的深度。③内容的连贯性。特别是一些事实型工具书数据库，应该保持连贯，这样才便于检索者对数据进行比较、分析，才能够真正体现其对科研工作的参考价值。④内容的及时性。工具书数据库的更新应该比文献型数据库更及时，因为事实信息瞬息万变，往往最新的信息价值最大，这就要求工具书数据库能持续、尽可能地缩短更新周期，为用户提供最及时的信息。

二是系统功能与检索评价。包含两方面：①具有特色的检索途径。对于文献型资源，内容格式统一、著录规范，通过题名、作者、期刊名（出处）、机构等途径基本上就能够准确定位某篇文献，所以各种文献类资源的检索途径都比较相似。而对于事实数值数据，由于收录内容形式多样，为了方便用户检索，应该根据内容提供具有特色的检索途径和呈现形式。②系统分析功

---

❶ 张敏. 我国图书馆事实型数据库资源现状的分析与评价［J］. 中国索引，2005，3（2）：15-17.

❷ 李晔英. 图书馆事实型数据库资源现状的分析与评价［J］. 黑龙江科技信息，2010（6）：114.

能。对于文献型资源的结果不论是题录、文摘还是全文，基本上已经能够满足用户的检索需求。而事实数值型数据的检索结果是用户开展进一步分析的依据，好的事实数值型工具书数据库应该能够进一步提供分析功能，代替或者帮助用户进行进一步的分析研究。

三是主要评价指标。主要着眼于工具书资源产生、使用到保存各个阶段与长期保存之间的相互关系，构建基于资源属性（来源、内容、类型、时间范围等）、应用方式（后台技术、资源的组织形式、检索、浏览、展示等）以及保存的必要性和可行性（订购政策、获取方式、保存权限等）等指标的评价体系，对工具书数据库的重要性和可持续获取性进行分类评价。

从一级指标的角度来评价工具书资源，可以考虑工具书的内容质量、平台功能、服务水平、使用成本、存取难度等因素；从数据管理和保存成本的三级指标角度评价，还可以考虑长期保存的数据内容组织机制、各类数据内容的格式、保存数据的传输机制、保存数据更新方法、保存数据的内部组织与更新、长期保存的开支等，见表3.3.1。

表3.3.1 工具书资源评价指标

一级指标	二级指标	三级指标
一、内容质量	（一）权威性	1）权威性，包括资源发布机构和资源信息的权威性。 2）学术声誉、历史、口碑和品牌优势。 3）国际影响力，反映资源的国际认可程度
	（二）专业性	4）资源创建者、服务对象的学术专业程度。 5）内容专一，收录数据有重点、有特色，专注某一个领域或某一个行业。 6）学术性强，数据有一定揭示深度
	（三）系统性	7）有较全面专题信息资源，资源总量达到一定量级。 8）数据完整连贯，内容稳定、规范、科学、系统
	（四）及时性	9）收录信息完备，具有可持续发展性。 10）后续数据充足，内容能随时更新

续表

一级指标	二级指标	三级指标
二、平台功能	（五）界面友好	11）数据库用户界面简单易用、布局合理、美观实用
	（六）浏览功能	12）数据资源组织有序，网站的导航系统为用户提供良好的用户体验。 13）支持 PC 端和手机、IPAD 等移动端访问
	（七）检索功能	14）提供灵活方便的检索方式，全面多样的检索字段。 15）特色数值事实检索
	（八）输出功能	16）检索结果直观。 17）输出方式灵活，输出格式多样
	（九）其他功能	18）关联第三方数据服务。 19）检索结果统计分析。 20）分类体系和主题词表提供
三、服务水平	（十）使用服务	21）用户访问权限控制：IP、账号、并发等。 22）国际访问权限限制。 23）数据库稳定性、查询访问速度
	（十一）统计服务	24）数据库商提供标准、稳定、兼容的使用统计报告
	（十二）封锁风险	25）美国资源被封锁风险高
四、使用成本	（十三）采购成本	26）数据库的购置费、为该数据库购买的存储设备等硬件费用、为该数据库购买的相关软件费用等。 27）使用该数据库发生的流量费、技术服务等相关人员费用等
	（十四）成本涨幅	28）购置成本较上年的增长幅度
五、存取难度	（十五）存档方式	29）图书馆可以长期拥有、保存和使用已经购买工具书资源的方式
	（十六）资源类型	30）资源种类多样性，如是否包含视频、表格、图表、曲线图及公式等
	（十七）版权管理	31）资源权益复杂性，利益攸关方数量等。如 Credo 全球工具书平台收录了全球 104 家著名出版社的 524 种实用工具书，版权至少涉及 104 个机构

120

3　工具书资源的形态变化和可持续获取性评价

续表

一级指标	二级指标	三级指标
五、存取难度	（十八）数据管理	32）数据的组织，长期保存的数据内容组织机制，往往涉及多类内容及其关系并被组织成一个复杂的数据库系统。 33）数据的格式，即数据保存在文件或记录中的编排格式，各类数据内容的格式可为数值、字符或二进制数等形式。 34）数据的传输，保存数据的传输机制的标准性、方便性、高效性及安全性。 35）数据的更新，保存数据更新方法的标准性、方便性、高效性及安全性；保存数据的内部组织与更新的方便性与高效性
	（十九）保存成本	36）长期保存的开支，对保存对象进行读取、定位、提供、利用及管理而实施的一系列活动中所涉及的费用总和

4 工具书资源的权属管理和第三方保存机制

4.1 工具书的版权问题

通常情况下，文献型数据库的开发只要获得收录期刊、图书、论文等的版权人许可并支付一定报酬就可以了。但工具书数据库的版权问题就复杂很多。以事实型数据库为例，一方面，事实型数据库的内容丰富、种类繁多、信息来源广泛。要妥善解决数据库收录的依法授权问题，可能要涉及很多权利人，如期刊杂志社、新闻媒体、科研院所、各行业统计机构、个体著作权人等。另外，如何判断哪些内容需要授权，哪些内容不需授权，也是数据库收录中应重视的问题。另一方面，事实型数据库的很多内容本身是不构成版权保护的，如各种公开的政府统计数据、经济报告等。在这些信息的收集和组织过程中开发者投入了大量的成本，如何保护开发者的利益，这也是事实型数据库开发者最关心的版权问题。《中华人民共和国著作权法》第十五条规定："汇编若干作品、作品的片段或者不构成作品的数据或者其他材料，对其内容的选择或者编排体现独创性的作品，为汇编作品，其著作权由汇编

人享有，但行使著作权时，不得侵犯原作品的著作权。"❶

工具书出版单位与作者之间的版权纠纷也较为复杂。我国著作权法规定，出版单位行使的是"与著作权相关的权利"，也就是"著作权的邻接权"。这种权利的行使范围非常有限，使传统出版单位在对传播内容进行再加工、再集成、再整合过程中处处受到掣肘，无法最大限度地对所掌握的内容资源和出版资源进行再利用，限制了内容载体的延伸和附加价值的挖掘。此外，还存在出版单位与第三方知识服务平台之间的版权隐患，即存在第三方知识服务平台未经作者和出版单位授权就为终端用户制作各种数字化产品等诸多侵权风险。❷

4.2 工具书的使用权限

出版商或集成商的资源使用控制主要有两种，即物理访问控制（Physical Access Controls）和使用控制（Usage Controls）。使用控制是指出版商或集成商通过内置的数字版权管理软件对电子书的某些使用行为进行苛刻限制的行为。例如，仅允许用户下载、复制、打印部分章节，或者对用户的并发访问数量进行限制。根据 JISC "学术数据库评价工具"（Academic Database Assessment Tool）提供的数据，目前 Gale Virtual Reference Library、Taylor & Francis eBook Store 等主流电子书出版商或集成商都采用了某种限制措施。❸

---

❶ 李晔英. 图书馆事实型数据库资源现状的分析与评价 [J]. 黑龙江科技信息，2010（6）：114.

❷ 刘中飞. 知识战"疫"时代的数字出版现状与融合发展趋势 [J]. 中国传媒科技，2020（5）：104-108.

❸ 尹高磊，郑建程，赵艳. 从资源采集角度看电子书长期保存面临的挑战 [J]. 情报资料工作，2013（2）：68-71.

4.3 国内机构引进工具书资源的存档机制

中国高等教育文献保障系统（China Academic Library & Information System，CALIS）集团采购的数据库中，有57个数据库有存档政策，主要是通过本地服务、镜像保存及光盘等不同的方式实现数据存档。

以高校图书馆数字资源采购联盟（DRAA）为例，需要发挥自身的优势，建立完善的集团保存机制，明确保存权利、保存格式、存档数据使用条件等，并以统一的规则代表各个成员馆与数据库商协商谈判，为图书馆争取最大的利益。针对DRAA引进数字资源集团方案的调研数据显示，在存档数据类型方面，数据库商主要提供以下六种方式：镜像站点、裸数据存档、裸数据及检索系统存档、印刷版存档、自行下载存档、国际第三方存档，见表4.3.1。数据库商对DRAA集团的存档，均是免费提供存档数据，对成员馆存档有时需收取一定费用。❶

表4.3.1 DRAA引进工具书资源的存档方式

存档类型	资源名称
镜像站点	RSC（2015—2017年）
裸数据存档	OECD（2015.12.1—2018.11.30）、IMF（2016—2018年）、World Bank（2015.12.1—2018.11.30）、China INFOBANK（2017—2020年）
裸数据及检索系统存档	
印刷版存档	World eBook Library（2015.4.1—2018.3.31）
自行下载存档	
国际第三方存档	

---

❶ 徐速，王金玲，王静芬. DRAA引进数字资源的长期保存与利用研究［J］. 大学图书馆学报，2019，37（6）：70-77.

4 工具书资源的权属管理和第三方保存机制

关于保存位置：
（1）利用机构知识库进行保存；
（2）利用数据服务中心（Data Service）进行保存；
（3）利用云服务进行保存；
（4）利用服务器等存储设备进行保存。

4.4 非开放型工具书保存现状——以《不列颠百科全书》为例

4.4.1 《不列颠百科全书》的权属管理[❶]

关于使用规则，在个人且非商业用途使用的前提下，可以展示、复制、打印或下载在线服务所提供的数据。教师、学者或学生可以在法律允许的范围内合理地复制部分在线服务提供的内容，用于教学、报告、论文、演示、校内刊物和其他类似的非营利的教育目的。在任何情况下，不得删除或修改任何版权、商标、服务标记或其他专利标记或图注。若无相关法律许可，或无本合约相关条款许可，不得发布、分发、转发、出售或向他人提供在线服务的任何数据内容。

大英百科全书公司致力确保其在线服务所提供之所有内容符合相关美国版权法律法规。如果在线服务所提供之内容非大英百科公司撰写，将遵循信息来源所属国家的相关版权规定。未经大英百科全书公司明文许可，不得在在线服务上使用数据挖掘（Data Mining）、机器人程序（Robots）、屏幕抓取（Screen Scraping）或任何类似的数据收集和提取工具。

不得对本在线服务的任何软件、任何产品或过程进行反编译、逆向工程或卸载，也不得插入任何可能会影响用户使用的代码或产品，或操纵本在线

---

❶ 大英百科在线服务使用合约（"使用条款"）：https://china.eb.com/terms-of-use/. [EB/OL].［2020-05-15］.

服务的内容。如果希望在上述以外的情况下以任何目的或方式复制或使用内容，必须征得大英百科全书公司的许可。

关于UGC（User Generated Content，用户原创内容）。UGC自动授予大英百科全书公司免版税的、永久的、不可撤销的和非独家的许可，授权大英百科全书公司通过任何已有或之后开发的形式、媒介或技术，将UGC信息或资料单独或作为其他作品的一部分来使用，复制、修改、出版、编辑、翻译、分发、执行或展示。大英百科全书公司同样可将这些权利再许可给其他获许可人。用户本人依然保留重新使用提交给大英百科全书公司UGC的权利。大英百科全书公司没有任何义务监督、编辑或者删除UGC，但是可以对违法等内容进行修改或删除。

关于订阅费用。自订阅服务开通之日开始收取，或者从免费试用的结束当日开始收取。订阅费用的账单将每月（按月份订阅）或每年（按年份订阅）从用户关联账号中扣除。订阅服务将被自动续订。订购机构可为集团公司（以下简称"公司"）、政府机构（以下简称"机构"）、学校和相关机构（以下简称"学校"）、大学或学院（以下简称"大学"）或公众图书馆（以下简称"图书馆"）。

我国高校图书馆数字资源采购联盟（DRAA）集团采购和中国科学院集团采购访问方式均为在有效的IP范围或校园IP范围内开通使用提供专线访问，无并发用户数量限制。

对于"授权用户"，可为以下类别：一是公司或机构的员工、代理或者代表；二是学校内的学生、教师、行政人员和其他雇员；三是大学内的全职或兼职的学生、教师、行政人员和其他雇员；四是图书馆内客户、职员、代理或者代表。

关于版权设置：①在线服务的所有数据和内容归大英百科全书公司或其授权人所有，并保留全部权利；②对受GNU自由文档许可或其他类似许可的图像或资料，大英百科全书没有汇编著作权；③韦氏的大学生®词典（第十版）、韦氏在线词典及韦氏的学生词典（第三版），受韦氏公司版权保护；④照片和图示受其相应的所有者的版权保护。

4 工具书资源的权属管理和第三方保存机制

4.4.2 《不列颠百科全书》的长期保存现状

《不列颠百科全书》中文版系列出版项目始于1979年，各版图书均是在英文版基础上翻译增补出版的，最后一版为2007年出版的《不列颠百科全书·国际中文版》（修订版）。2011年、2014年DRAA对"大英百科全书数据库"资源的存档政策为：加入集团已满3年的成员，可获赠2014年度DVD备份存档，包括《不列颠百科全书》32卷印刷完整版、韦氏字典、2100份地图、大事件年表经典文献等内容。存档DVD由代理公司提供。❶但在2017年新的集团方案中，大英百科全书数据库由之前的"提供存档数据"更改为"不再提供存档数据"。

4.5 开放互动型工具书保存现状——以维基百科为例

4.5.1 维基百科的权属管理

一方面，维基百科明确规定所有的词条都来自书写者的原创；另一方面，维基百科有着非常特殊的版权规定——开放版权。在维基百科的每一个页面、各个语种的首页都链接着开放版权协议网页。自由获得、自由复制、甚至自由销售维基百科，不能独占所有的权利的维基百科因而被称为"公众的百科全书"。❷

由于维基知识库都遵循GNU自由文档协议和共用创作协议（CC），其

---

❶ 2014大英百科全书数据库DRAA集团采购方案（2014.10.1—2017.9.30）[EB/OL].[2020—05—15]. http://www.libconsortia.edu.cn/Acquisition/viewAcqinfo.action?id=1612d5fe-1501-4f56-b012-9932358e7836.

❷ 崔政. 维基百科：精神交往理论研究的新进路[D]. 保定：河北大学，2008.

127

内容都来自志愿者原创，并且大部分维基知识库都采取了一套严格的版权保护机制，避免侵犯版权，这些是它得以实现免费共享的内容基础。非营利性的组织形式也为维基知识库的免费共享提供了可能。以维基百科为例，维基媒体基金会是负责管理和支持维基百科、维基词典等一系列维基项目的非营利性组织，是维基百科的主要资金来源，由于一般维基知识库拒绝广告，所以小额捐款、硬件捐赠、专项资金及网络巨头的支持和援助成为维基知识库的主要资金来源，为维基知识库的免费共享提供了经济基础。

为了有效规避破坏性修改及践行相关的版权规定，维基百科信息空间对用户所进行的所有操作都保留有详细记录，包括修改时间、修改的内容、登录地址及进行的差异性建设等。

维基百科的内容采用的是开放版权的形式，用户必须遵守"知识共享署名、相同方式共享协议版本"，如此，某一词条的版权并非由某一人单独所有，而是由该词条的所有编辑者共享。

随着词条被破坏、编辑不规范、词条被恶意利用等现象的出现，质量控制和版权问题成为了维基百科发展的两大瓶颈。

4.5.2　维基百科的长期保存现状

维基百科采用 GNU 公共许可证，可自由使用其中的内容，如可通过 The Free Dictionary 网站（访问地址：https://encyclopedia.thefreedictionary.com/）来查看维基百科，该网站是一个提供维基百科内容镜像的免费辞典网站，网站界面如图 4.5.2.1 所示。

4 工具书资源的权属管理和第三方保存机制

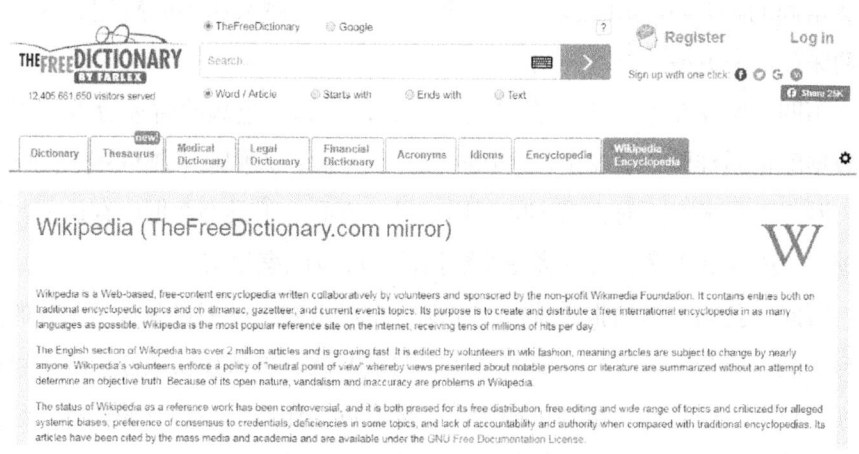

图 4.5.2.1　The Free Dictionary 网站界面

4.6　我国对工具书资源长期保存面临的挑战和风险

第一，存储形式趋于多样。计算机软件开发技术的成熟使工具书数据不仅可以通过字段的形式展现，还有图片、文件、图表、性能曲线等形式展现。这些由于存储方式的多元化而导致的复杂的存储形式将会占用更多内存。

第二，分布式存储模式。随着工具书数据库的网络化发展，数据量快速膨胀，所需存储空间不断增大，传统的网络存储系统已不能满足大规模存储应用的需要。而分布式网络存储系统采用可扩展的系统结构，利用多台存储服务器分担存储负荷，利用位置服务器定位存储信息，不仅提高了系统的可靠性、可用性和存取效率，还易于扩展。利用多台服务器的存储资源来满足单台服务器所不能满足的存储需求，成为工具书数据库资源存储的发展方向。但是，分布式存储要求存储资源能够被抽象表示和统一管理，并且能够满足保证数据读写操作的安全性、可靠性、性能等方面的要求。

第三，大数据的应用。随着数据量的积累，数据便成了宝贵的资源，除了传统的增删改查，如何利用已有数据并最大化挖掘其价值，是目前一大研究热点。如利用推荐算法自动选型，利用"购物篮"算法、聚类算法挖掘资源数据间的关联性、AI技术等,在数据库中得到越来越多的应用,这将给长期保存带来更多的技术挑战。

第四,网络信息安全。在网络环境下,信息安全风险普遍存在,工具书数据库也同样面临着安全性和风险性。一方面,人们越来越依赖于网络技术、网络工具来实现对工具书的利用;另一方面,工具书数据库存储的数据范围广、内容涵盖多,有许多专业数据甚至涉及国家秘密。

因此,我国文献情报系统需要系统考虑对重要工具书资源长期保存的需求与机制,综合考虑工具书资源对我国的重要性、可持续获取性、本土可替代性、权限可获得性、机制可操作性、技术可操作性、系统可操作性、经济可操作性等因素,遴选需进行长期保存的重要工具书资源,构建突破文献类资源保存的新机制。

5

工具书资源的数据保护

近年来,数字经济日益成为我国经济增长和社会发展的重要驱动力。随着数字经济的发展,"数据是资产""数据有价值"逐渐成为社会的共识。2020年3月30日,中共中央、国务院颁布并实施《关于构建更加完善的要素市场化配置体制机制的意见》,提出"土地、劳动力、资本、技术、数据"的五类市场化配置要素,明确了数据的市场价值和社会价值,并提出推进政府数据开放共享、提升社会数据价值、加强数据资源整合和安全保护的重要举措。

与此同时,数据的权属与合理利用等相关新法律问题已经显现出来:"信息的过度收集""未经用户同意收集"的新闻不时登上热搜,数据的滥用与泄露成为了一把"达摩克利斯之剑"。因此,加强数据知识产权保护已经刻不容缓。2017年12月8日,习近平总书记在中共中央政治局就实施国家大数据战略进行第二次集体学习时指出,"要构建以数据为关键要素的数字经济""要制定数据资源确权、开放、流通、交易相关制度,完善数据产权保护制度"。2020年,我国以数据为支撑的数字经济增加值规模已经达到39.2万亿元,占GDP的比重达到38.6%,位居全球第二。但要想让这些数据资源合理流动起来,充分利用起来,有效保护起来,就需要很好地解决数据的产权问题，完善相关制度设计。❶《知识产权强国建设纲要（2021—2035年）》和《"十四五"国家知识产权保护和运用规划》都对构建数据产权保护规则作出部署，要求实施数据知识产权保护工程，深入开展相关理论和实践研究。2020年，中共中央办公厅、国务院办公厅印发《深圳建设中国特色社会主义先行示范区综合改革试点实施方案（2020—2025年）》，重点提及加快培育数据要素市场。要求率先完善数据产权制度，探索数据产权保护和利用新机制，建立数据隐私保护制度。近年来，欧盟、美国、日本也都开始重视数据财产权利的保护。特别是欧盟在数据知识产权保护方面走在世界前列，其有益经验和做法值得借鉴学习。

中央陆续出台《中共中央关于坚持和完善中国特色社会主义制度 推进国家治理体系和治理能力现代化若干重大问题的决定》《中共中央、国务院关于构建更加完善的要素市场化配置体制机制的意见》《中共中央、国务院关于新时代加快完善社会主义市场经济体制的意见》等重要文件，其中围绕培育发展数据要素市场展开了密集部署。2020年，我国数字经济核心产业增加值占GDP比重达7.8%，数字经济成为经济社会持续健康发展的强大动力。习近平总书记在中共中央政治局第三十四次集体学习时强调，"近年来，互联网、大数据、云计算、人工智能、区块链等技术加速创新，日益融入经济社会发展各领域全过程，数字经济发展速度之快、辐射范围之广、影响程度之深前所未有，正在成为重组全球要素资源、重塑全球经济结构、改变全球竞争格局的关键力量。要站在统筹中华民族伟大复兴战略全局和世界百年未有之大变局的高度，统筹国内国际两个大局、发展安全两件大事，充分发挥海量数据和丰富应用场景优势，促进数字技术与实体经济深度融合，赋能传统产业转型升级，催生新产业新业态新模式，不断做强做优做大我国数字经济"。

---

❶ 国务院新闻办公室. 国新办举行2021年中国知识产权发展状况新闻发布会［EB/OL］.（2022-04-24）［2020-01-15］. http://www.scio.gov.cn/xwfbh/xwbfbh/wqfbh/47673/48204/wz48206/Document/1723541/1723541.htm.

5.1 国外数据保护政策法规

（1）美国《2019国家安全与个人数据保护法案》提案

2019年11月18日，美国国会共和党参议员向参议院提交《2019国家安全与个人数据保护法案》（National Security and Personal Data Protection Act of 2019）提案❶，明确规定外国投资委员会（CFIUS）应当对持有或收集美国公民个人敏感数据，且这些数据可被用于威胁国家安全的美国公司投资予以审批。该提案特别关注科技公司在涉及对美国公民（拥有美国国籍、持有美国护照的公民）和居民（拥有居民身份的自然人、定居人）的用户数据在收集、使用、存储和传输上进行了重点的关注和特别的约定。例如，提出了"最小化数据收集原则"，仅能收集为运营网站、服务或应用所必需的最小限度的用户数据。又如，对"数据使用的用途限制"提出了禁止性要求，禁止将收集的用户数据用于其他如定向广告、不必要的共享以及发展人脸识别技术等次要用途上。在"数据传输"和"数据存储"方面，也提出了严格的限制要求。一方面，禁止向法案定义的关注国家直接或间接传输任何用户数据或可能用于破译该数据的信息（如加密密钥）；另一方面，禁止在法案定义的关注国家境内的服务器或存储设备上存储在美国境内收集的个人用户数据或可能用于破译该数据的信息；以及禁止在位于美国境外的服务器或存储设备上存储任何美国公民或居民的用户数据或用户破译该数据的信息。诸如此类的限制明确了科技公司不得将从美国境内个人收集的任何用户数据或加密密钥转移到中国、俄罗斯等关注国家，同时也禁止在这些国家储存数据，体现了非常鲜明的数据主权保护意识。

---

❶ Congress of the United States. National Security and Personal Data Protection Act of 2019［EB/OL］.（2019-11-18）［2022-05-15］. https://www.congress.gov/bill/116th-congress/senate-bill/2889/text?q=%7B%22search%22%3A%5B%22National+Security+and+Personal+Data%22%5D%7D&r=1&s=2.

（2）美国《联邦数据战略》和《2020年行动计划》

2018年3月，美国政府发布的《总统管理议程》提出了一项新的跨机构优先（Cross-Agency Priority, CAP）目标，将数据作为战略资源来支持和实施全面的联邦数据战略，用以针对数字转型背景下公共数据分散、基础设施陈旧和法律框架落后的问题。基于这一举措，在政府和非政府利益相关者的努力下，美国白宫管理和预算办公室（Office of Management and Budget, OMB）于2019年6月4日发布了《联邦数据战略》（Federal Data Strategy, FDS）❶，以2020年为起始，概述了联邦机构预计在未来十年内将遵守的一系列原则和做法，并逐年确定行动计划。FDS作为第一个美国政府层级的数据战略，旨在从挖掘数据驱动的潜力，支持稳健的数据治理并保护数据安全、个人隐私和信息机密性。从国家战略上看，FDS与联邦政府针对数字转型的计划和政策保持一致，是美国国家整体战略部署的重要组成部分，体现对数字治理、技术创新、信息时代等的高度重视。

《联邦数据战略》由OMB、美国科学技术政策办公室（Office of Science and Technology Policy, OSTP）、美国商务部和小型企业管理局联席起草，并积极寻求和整合来自联邦雇员和美国公众的反馈，共包含使命宣言（Mission Statement）、10项原则（Principles）、40项实践（Practices）及年度行动计划（Annual Action Plan）这四个组成部分。❷其中，使命宣言说明了战略意图和核心目的，确定了将数据作为战略资产开发的主要目标，并说明了四个战略实施的主题领域：①企业数据治理；②数据访问、使用和扩充；③决策和问责制；④商业化、创新和公共使用。❸10项原则从伦理规范、意识目的、文化及人才方面设定了综合性框架，具体包括维护道德、行使责

---

❶ Office of Management and Budget. Federal Data Strategy [EB/OL]. (2019-06-04) [2022-05-15]. https://strategy.data.gov/background/.

❷ Office of Management and Budget. Components of the Federal Data Strategy [EB/OL]. (2019-06-04) [2022-05-15]. https://strategy.data.gov/overview/.

❸ 杨晶，康琪，李哲. 美国《联邦数据战略与2020年行动计划》的分析及启示 [J]. 情报杂志，2020，39（9）：150-156，94.

任、促进透明度、确保相关性、利用现有数据、预测未来用途、展示响应能力、投资学习、培养数据领导者和实践问责制。而40项实践则提供了更具操作性和目的性的行为指导和解决方案，具体内容可划分为三类：建立重视数据并促进共享的文化（第1～10项）、治理、管理和保护数据（第11～26项）、促进有效和适当的数据使用（第27～40项）。"年度行动计划"是落实数据战略的具体实践。《2020年行动计划》优先考虑建立坚实的工具、流程和能力基础，包含20个基本行动步骤，划分为机构行动、团体行动和共享行动共三类；《2021年行动计划》以机构行动为基础，为机构完成2020年未实现的行动提供灵活性，并聚焦实践共同体和共享解决方案行动，进一步推动跨机构企业数据成熟度和数据通用方法，包含11个基本行动步骤。

（3）美国《加利福尼亚州消费者隐私法案》

加利福尼亚州立法机构于2018年6月28日通过《加利福尼亚州消费者隐私法案》（*California Consumer Privacy Act*，CCPA）❶，并于2020年1月1日正式生效。由于加利福尼亚州互联网产业发展迅速，大量新兴互联网企业层出不穷以及数据泄露、隐私侵犯等问题频发，因此《加利福尼亚州消费者隐私法案》通过规范企业数据收集、处理和使用行为从而保护加利福尼亚州公民隐私权和消费者权利。具体来看，该法案旨在赋予加利福尼亚州公民以下权利：①了解个人数据收集类型和范围；②了解个人数据是否被出售或披露以及向谁披露；③拒绝出售个人数据；④访问自己的个人数据；⑤要求企业删除从消费者处收集的任何个人信息；⑥不会因形式隐私权而受到歧视。对于个人数据定义，《加利福尼亚州消费者隐私法案》采用抽象定义和不完全列举的方式；对于适用范围，明确《加利福尼亚州消费者隐私法案》适用于收集消费者个人数据、在加利福尼亚州开展业务并满足至少一项门槛（年收入门槛、数量门槛和收入比例门槛）的任何营利性实体。对于数据传输和跨境流动，《加利福尼亚州消费者隐私法案》允许合法的消费者数据商业流

---

❶ State of California Department of Justice Office of the Attorney General. California Consumer Privacy Act（CCPA）[EB/OL].（2018-06-28）[2022-05-15]. https://oag.ca.gov/privacy/ccpa.

动,但是指出个人健康信息数据和财务数据等需遵循其他特定法律;并鼓励数据的跨境自由流动,以促进美国在全球数字经济中的领先地位。

2020年11月通过《加利福尼亚州隐私权法案》(California Privacy Rights Act,CPRA),该法案对《加利福尼亚州消费者隐私法案》进行了修改和扩展,强化了个人数据的权利保护。从新增的法案内容来看,成立了加利福尼亚州隐私保护机构,作为专门且独立的隐私保护执法机构;增设对健康数据、种族、宗教、地理位置等敏感个人数据的保护,赋予消费者控制敏感个人信息的权利;扩大了消费者的数据删除权,增加了数据更正权,即企业收集的个人数据出现错失时,消费者有权要求企业进行更正。

(4)全球跨境隐私规则宣言

2021年4月21日,美国等国家和地区就建立全球跨境隐私规则(the Global Cross-Border Privacy Rules,CBPR)的论坛发表宣言❶,该论坛旨在通过多边合作促进可信的全球数据流动,以促进互操作性并帮助弥合数据保护和隐私保护监管不同的问题。宣言指出,伴随着全球经济数字化和互联网技术普及导致跨境数据的收集、使用和传输循序增加,保证安全可信的跨境数据流对于跨国科技公司、各类经济公司,甚至中小型企业、工人和消费者来说都是必不可少的。这种跨境数据流能够推进科学研究、产业开发、知识创新,密切国家间和个人间的联系,创造就业机会和提高个人生活水平,以及提高国家国际参与度。

早在2011年,亚太经济合作组织(Asia-Pacific Economic Cooperation,APEC)为参与全球数字经济竞争、实现各经济体间的数据自由流动并充分保护个人信息安全,建立和发展了跨境隐私规则,提供了一套正式的、完整的、国际认可的隐私保护认证框架。在跨境隐私规则系统下,APEC于2015年建立了数据处理者隐私识别(Privacy Recognition for Processors,PRP)系统,并且建立了跨境隐私执法安排(Cross-Border Privacy Enforcement Arrangement,CPEA)。跨境隐私规则承认APEC的重要贡献,并计划在

---

❶ 美国商务部.全球跨境隐私规则声明[EB/OL].(2022-04-21)[2022-05-15].https://www.commerce.gov/global-cross-border-privacy-rules-declaration.

APEC跨境隐私规则和数据处理者隐私识别系统的基础上建立全球跨境隐私规则和数据处理者隐私识别系统的国际认证系统，并进行系统推广、完善、扩展和定期审查，后者通过数据隐私认证来帮助公司证明其符合国际公认的数据隐私标准。

（5）德国《联邦政府数据战略》

2021年1月27日，德国发布《联邦政府数据战略》❶，确立了四大行动领域，分别是构建高效且可持续的数据基础设施、促进数据创新并负责任地使用数据、提高数字能力并打造数字文化和加强国家数字治理。该战略旨在增加商业、科学、社会和行政管理领域中数据的收集和使用，着力打造数据文化，发起国家数字化教育行动，确保公平参与和防止数据垄断，增强德国的数字能力，使其成为欧洲数据共享和创新应用领域的领导者。德国教研部作为该战略实施的关键部门将通过以下主要举措，为科学研究领域中创新且安全的数据政策作出贡献：①借助欧洲云计划"Gaia-X"开发欧洲数据和基础设施生态系统，增强欧洲数字主权，为安全地存储、处理和共享数据提供平台；②利用"国家研究数据基础设施计划"（NFDI），系统开发科学研究数据库，确保其可持续性和可用性；③通过"研究数据行动计划"建立科研数据共享文化；④为独立研究创建无障碍数据访问规定；⑤开发科技界与经济界之间数据共享的新模式。

（6）英国《国防数据战略》

2021年5月27日，英国国防部发布《国防数据战略——构建数字主干，释放国防数据的力量》（以下简称《国防数据战略》）❷，阐述了英军未来的数字能力建设计划。该战略的发布使英国成为最先在军事领域提出数字能力建设战略的国家之一，是英军数字化建设的里程碑。英国国防部希望以构建国

---

❶ 德国联邦政府. 联邦政府数据战略［EB/OL］.（2021-01）［2022-05-15］. https://www.bundesregierung.de/breg-de/themen/digitalisierung/datenstrategie-beschlossen-1842786.

❷ 英国国防部. 国防数据战略［EB/OL］.（2021-05-27）［2022-05-15］. https://www.gov.uk/government/publications/digital-strategy-for-defence-delivering-the-digital-backbone-and-unleashing-the-power-of-defences-data.

防数字主干为契机实现提升英军整体的技术实力、改进国防部的工作方法和文化环境，以及促进英军军事思想转变等数字化转型目标。《国防数据战略》提出，英国的国防数字主干将是一个由人、工作流程、数据和技术四个要素有机结合的生态系统。该战略阐述了英国在数据领域五个优先行动任务：①释放整个经济中数据的价值；②确保促进增长和可信赖的数据机制；③转变政府对数据的使用，以提高效率和改善公共服务；④确保数据所依赖的基础架构的安全性和弹性；⑤倡导国际数据流动。

（7）欧盟《在个人数据自动处理方面保护个人的现代化公约》

1981年1月28日，欧洲委员会的47个成员国于法国斯特拉斯堡签署《在个人数据自动处理方面保护个人的现代化公约》（Convention for the Protection of Individuals with Regard to Automatic Processing of Personal Data）或称为108号公约（Convention 108），于1985年10月1日开始生效。❶ 公约是为实施《欧洲人权公约》第8条而制定，要求公约签署方制定有关个人数据自动处理的立法。108号公约是第一个保护个人信息免遭伴随着数据收集和处理而带来的滥用，同时规范个人数据跨境流动的具有约束力的国际文书。此外，该公约还禁止在没有适当规范的情况下处理有关个人种族、政治、健康、宗教、犯罪记录等敏感数据。在个人赋权方面，该公约规定了个人有权知道信息已存储在他人或机构中，并在必要时有权对其进行更正。从具体内容来看，第一章明确了公约一般规定，包括目标、概念和范围。其中"个人数据（personal data）"是指与已识别或可识别的数据主体相关的任何信息；"自动处理（automatic processing）"包括全部或部分通过自动方式执行的以下操作：数据存储、逻辑和/或算术运算、更改、删除、检索或传播。第二章从各方义务、数据质量、特殊类别数据、数据安全、对数据主体的额外保护、例外与限制、制裁和补救措施、扩展保护等共11个方面说明了数据保护的基础原则。第三章至第七章对跨境数据流动、合作和互助、咨询委员会、修正案和最后条款进行规定和说明。

---

❶ Council of Europe.Details of Treaty No.108［EB/OL］.［2022-09-22］. https://www.coe.int/en/web/conventions/full-list?module=treaty-detail&treatynum=108.

自 1985 年生效以来，该数据保护公约就得到不断更新，通过增加内容和文件以适应新技术、新问题、新环境。如代表新型信息收集、组合和分析方式的大数据成为社会重要价值和创新来源，且很大一部分数据处理都直接影响个人数据及其处理环节的权利；同时超大规模数据使群体识别和行为预测等成为可能，集体维度的安全风险也应考虑。因此，2017 年 1 月 23 日，108 号公约委员会起草了《关于在大数据世界中处理个人数据的个人保护指导方针》(Guidelines on the Protection of Individuals with regard to the Processing of Personal Data in a World of Big Data)，为公约缔约方在大数据背景下应用适当政策和措施以推行 108 号公约原则和规定，提供了一个总体框架。该指导方针根据 108 号公约的原则起草，考虑到现代化进程和技术环境，主要针对规则制定者、控制者和处理者。此后，基于人工智能技术和应用的发展，公约委员会意识到"个人数据逐渐成为人工智能的基础来源和应用目标"[1]，且市场需求或科技公司是技术开发和用户服务的核心推动力，行业监管和权利约束的影响力较弱。基于以上考虑，2019 年 1 月 28 日，108 号公约咨询委员会发布《人工智能和数据保护指南》(Guidelines on Artificial Intelligence and Data Protection)，旨在协助政策制定者、人工智能开发商、制造商和服务提供商确保人工智能应用不会损害数据保护规定的权利。公约委员会强调，在开发和采用人工智能应用程序时，尤其是在使用人工智能参与决策过程时，应认识到保护人权和个人数据是基本的先决条件，应当遵守更新后的 108 号公约。对于人工智能的未来发展和数据保护的更新匹配，公约委员会提示，人工智能领域的任何创新都应密切关注如何避免和减轻个人数据处理的潜在风险，并应允许数据主体对数据处理及其影响进行有意义的控制。

但 108 号公约主体文件仍凭借其技术中立、基于原则的方法而历经三十多年考验，直至 2018 年 5 月 18 日由欧洲委员会部长委员会通过修订议定书

---

[1] Council of Europe. New Guidelines on Artificial Intelligence and Data Protection [EB/OL]. (2019-01-30) [2022-09-22]. https://www.coe.int/en/web/data-protection/-/new-guidelines-on-artificial-intelligence-and-personal-data-protection.

对公约进行更新，成为"现代化108号公约"或"108号公约+"，以应对新型信息和通信技术带来的隐私挑战，加强后续保护机制，并为全球数据保护提供一个灵活、透明和稳健的多边框架。修订后的公约对原文件内容进行继承和创新，一方面，保留了原则层面的规定并补充详细的指南或建议，重申技术中立的理念，继续强调将108号公约作为数据保护的普遍标准；另一方面，现代化的108号公约强化了数据保护原则并扩大了公约委员会作用，且特别注重与各国及联盟其他数据保护法律框架的一致性和兼容性，以确保实现适当的个人数据跨境传输保障措施。❶ 修订后公约内容的具体创新点还包括：扩展敏感数据类型、算法决策背景下新权利、数据泄露的问责制、数据控制者责任、应用设计隐私原则、明确跨境数据流动制度、加强数据保护机构权力和独立性等。

（8）欧盟《关于个人信息处理保护及个人信息自由传输的指令》

1995年10月24日，欧洲议会和理事会颁布第95/46/EC号指令即《关于个人信息保护及个人信息自由传输的指令》（以下简称《数据保护指令》）❷，作为欧盟隐私和人权法的重要组成部分，意图推动个人信息基本权利尤其是隐私权保护在各成员国的贯彻落实，以及各成员国间数据的依法自由流动。指令同时在欧盟内部设立了专门的个人信息保护研究机构和监管机构，以推动个人信息保护的机构和职责的专业化、合法化，包括第29条工作组（The Article 29 Data Protection Working Party，Art.29 WP）、欧洲信息保护监督局（European Data Protection Supervisor，EDPS）、欧洲委员会信息保护官（European Commission's Data Protection Officer）。欧盟各成员国内部也设立了信息保护局（National Data Protection Authorities）作为个人信息保

---

❶ Council of Europe.New Guidelines on Artificial Intelligence and Data Protection［EB/OL］.（2019-01-30）［2022-09-22］. https://www.coe.int/en/web/data-protection/-/new-guidelines-on-artificial-intelligence-and-personal-data-protection.

❷ DATA P O F P. Directive 95/46/EC of the European Parliament and of the Council on the protection of individuals with regard to the processing of personal data and on the free movement of such data［J］. Official Journal L.，1995，281（23/11）：31-50.

5 工具书资源的数据保护

护法的执法机构。

《数据保护指令》共包含七章，内容涵盖一般规定、个人数据处理合法性的一般规则、司法救济责任和制裁、向第三国传输个人资料、行为准则、监督机构和工作组、社区实施措施。其中第二章详细规定了成员国合法处理个人数据的具体条件，包括数据质量、数据处理合法化、特殊数据的处理、数据主体的知情权、数据主体数据访问权、豁免和限制、数据主体的反对权、机密性和安全性、通知监管机构共九个方面的行为准则和规范。同时，该指令摆脱了对数据库内容的不公平或未经授权的使用的理念，主张数据库制造商的专有权，以防止提取和重用数据库内容，指令规定可在开发数据库内容时明确创建广泛的通用权利，并规定一些免除责任的合理使用豁免。❶《数据保护指令》是欧盟个人信息保护法和数据保护法发展的重要节点，对欧盟成员国具有直接约束力。由于成员国需将指令转化为国内法并实施，到1998 年，各成员国均根据该指令颁布了个人信息保护法。但《数据保护指令》仍有许多局限性，如该指令只能应用于各成员国而不能直接适用于欧盟公民和企业，因此 2001 年颁布了《关于欧盟公共机构及其组成部门处理个人信息过程中保护个人信息权利及相关信息自由传输条例》❷；同时该指令对特定领域的规定并不详尽，此后欧盟也通过 2002 年《关于在电子通讯行业处理个人信息和保护个人隐私的指令》❸、2006 年《关于在电子通讯服务、大众传媒网络行业产生的个人信息存储和公共机构调取指令》也称《数据保留

---

❶ 李想. 数据库的知识产权保护范式研究 [J]. 政法学刊, 2020, 37 (4): 51-58.

❷ European Parliament, Council of the European Union. Regulation (EC) No 45/2001 of the European Parliament and of the Council of 18 December 2000 on the protection of individuals with regard to the processing of personal data by the Community institutions and bodies and on the free movement of such data [J]. Official Journal L., 2001, 8 (1/12): 1-22.

❸ European Parliament, Council of the European Union. Directive 2002/58/EC of the European Parliament and of the Council of 12 July 2002 concerning the processing of personal data and the protection of privacy in the electronic communications sector [J]. Official Journal L., 2002, 201 (31/7): 37-47.

指令》❶、2008年《关于在犯罪问题方面的个人信息保护和司法合作的政策框架》❷等指令来细化规范。

(9)欧盟《关于公共部门信息再利用的指令》

欧洲议会和欧盟理事会于2002年成立了"公共部门信息专家组"(PSI Group),旨在促进公共部门信息再利用的举措实施和方案交流❸,并在2003年11月17日通过《关于公共部门信息再利用的2003/98/EC指令》(*Directive on the re-use of public sector information*,以下简称"PSI指令")❹,规定公共数据再利用的基本原则,旨在消除阻碍欧盟范围内重用公共部门信息的障碍,也为该领域提供了一个共同的立法框架。PSI指令此后于2019年再次修订,成为《开放数据和公共部门信息再利用的(EU)2019/1024指令》[*Directive (EU) 2019/1024 on open data and the re-use of public sector information*],简称《开放数据指令》,于2019年7月16日生效,并要求欧盟成员国在2021年7月16日前将新指令转化为国家法律。

欧盟自19世纪80年代就开始关注并推进公共部门数据的重用,一方面由于公共机构创建和收集了各领域的大量有价值数据,挖掘和发挥数据价值成为各界需求;另一方面由于1995年《数据保护指令》对个人信息施加的

---

❶ European Parliament, Council of the European Union. Directive 2006/24/EC of the European Parliament and of the Council of 15 March 2006 on the retention of data generated or processed in connection with the provision of publicly available electronic communications services or of public communications networks and amending Directive 2002/58/EC [J]. Official Journal L., 2006, 105(13/4): 54-63.

❷ European Parliament, Council of the European Union. Council Framework Decision 2008/977/JHA of 27 November 2008 on the protection of personal data processed in the framework of police and judicial cooperation in criminal matters [J]. Official Journal L., 2008, 350(30/12): 60-71.

❸ European Commission. Public Sector Information Group main page [EB/OL]. (2019-10-29)[2022-05-15]. https://digital-strategy.ec.europa.eu/en/library/public-sector-information-group-main-page.

❹ European Parliament, Council of the European Union. Directive (EU) 2019/1024 of the European Parliament and of the Council of 20 June 2019 on open data and the re-use of public sector information [J]. Official Journal L., 2019, 172(26/6): 56-83.

强有力保护和再利用条件限制，使得个人信息的收集效率和应用途径受阻。进入 21 世纪，欧盟委员会担心欧洲公共部门数据获取和利用成本阻碍其在线服务和技术发展，从而在全球信息市场中无法与美国竞争，因此颁布 PSI 指令以使这些数据能以低价且不受限制的方式向第三方提供，并维护公共机构与私营信息企业间的公平竞争环境，主要目标群体是信息产业。PSI 指令包含五章共 15 条，第一章"一般规定"，阐明了适用范围、豁免情况、基本定义和一般原则；第二章"再利用申请"，说明了适用于重用使用请求的要求；第三章"再利用条件"，对可用格式、付费原则、透明度、许可协议、具体实践等做了具体要求；第四章"非歧视和公平交易"，规定了非歧视原则和禁止排他性。其中该指令第 3 条规定了一般原则：成员国确保在允许重复使用公共部门持有文献的情况下，应根据第三章和第四章的要求可用于商业或非商业目的；在可能的情况下，应通过电子方式提供数据。但 2003 年 PSI 指令只是建立了一套最低限度的规则，不包含设定允许重复使用的义务和授权决定权，而是在部门机构许可、出售、传播、交换或提供信息时对文件重用过程进行规范，并鼓励成员国超越最低要求以允许更广泛的开放使用。

根据 PSI 指令第 13 条，欧盟委员会须在 2008 年 7 月 1 日前对指令适用情况进行审查。根据这些审查结果以及对新服务和新应用发展的分析，欧盟委员会发布了 2013/37/EU 指令对 2003 年 PSI 指令进行修订，以明确规定成员国有义务使所有文件可重复使用，除非根据有关文件访问的国家规则中有限制或排除访问并遵守本指令中规定的其他例外情况。此后由于全球数据量指数级增长，产生和收集的新类型数据涌现，机器学习、人工智能和物联网等数据分析、开发和处理技术长足发展，为解决欧盟范围内广泛重用公共部门数据和公共自主信息的剩余等障碍，使立法框架与数字技术发展同步，并进一步激发在人工智能等领域的数字创新，欧盟委员会发布 2019/1024 指令以取代 2003/98/EC 指令和 2013/37/EU 指令。

新的《开放数据指令》提供了更为全面的法律框架，在默认情况下对重用提出更高要求，扩大了公共部门机构类型，且对开放科学意义重大。具体来看，修订内容主要集中于以下六个方面：①规定默认立场是公共部门机构和在特定部门运营的公共企业持有文件的免费重用，不必具有和声明预先确定的重用目的；②设定数据开放义务，以开放、机器可读、可访问的格式提供，可查找和可重用，且包含其元数据；③使动态数据在收集后立即通过适当 API 重复使用以及批量下载；④定义了"高价值数据集（High Value Datasets）"，可为社会、环境和经济带来重大利益，适合开发具有潜在受益者的应用程序和增值服务，且信息必须完全自由地通过应用程序编程接口（API）在每个成员国发布，同时定义了主题类别列表，包含地理空间数据、地球观测及环境数据、气象数据、统计数据、公司和公司所有权信息、出行及轨迹数据；⑤新的排他性规定要求持有文件的公共部门机构或公共企业与第三方之间的合同或其他安排不得授予专有权；⑥扩展有价值的公共数据范围，包括来自公共事业、研究执行组织和研究资助组织等产生的研究数据，但研究数据的默认公开义务仅适用于研究人员、研究执行组织或研究资助组织已通过机构或基于主题的存储库公开提供的研究数据，不应强加额外数据集检索成本或需额外的数据管理。同时，指令强调开放数据许可的明确定义和标准化是公共数据开放共享的重要基础。

（10）欧盟《数字单一市场战略》

2015 年 5 月 6 日，欧盟提出"数字单一市场"（digital single market）理念，意图在人员、服务和资本的内部自由流动之外，实现网络、基础设施、数字技能、公共服务等方面的互联互通。同时，欧盟委员会决定在 2014—2019 年实行《数字单一市场战略》（The Digital Single Market Strategy，DSMS），该战略是欧盟为追赶其在数字领域的竞争对手而制定的针对性策略，旨在平衡公共政策和内部发展异质性对数字经济发展的阻碍。《数字单一市场战略》基于访问、环境、最大化欧洲数字经济增长潜力三大支柱以及16 项行动措施，旨在实现 5 个战略目标：①通过解决地理封锁和跨境包裹递送问题，促进电子商务发展；②使欧洲版权规则现代化和适应数字时代；③更新视听媒体法规并与平台合作，塑造公平和谐的媒体环境；④增强对网络攻击的响应能力；⑤提升公民数字技能和数字技术利用率。2020 年 2 月，欧盟数据战略宣布在健康、农业、制造业、能源、移动通信、金融、公共管理、技能、开放科学云和满足绿色协议的交叉关键项目共 10 个战略领域创建数据空间，此后媒体和文化遗产等重要领域的数据空间相继产生。欧盟数据空间（data space）汇集了相关数据基础设施和治理框架，以促进数据汇集和共享，最终目标是整合领域数据空间而形成一个真正的单一数据市场。

2020 年 12 月 15 日，欧盟委员会提案中首次出现"数字服务法（Digital Services Act，DSA）"和"数字市场法（Digital Markets Act，DMA）"两个概念，该提案旨在解决 2000 年《电子商务指令》面对数字经济动态增长和新型服务提供商出现等新挑战时显现的缺陷❶。欧盟委员会于 2022 年 3 月 25 日就 DMA 达成政治协议，并于 2022 年 4 月 23 日就 DSA 达成政治协议，预计 2023 年两项提案能够实施。《数字服务法》和《数字市场法》是欧盟数据单一市场战略和欧盟数字战略的重要组成部分，服务于两个主要目标：一是创建一个更安全的数字空间以保护所有数字用户的基本权利。二是建立一个更公平的竞争环境，在欧洲单一市场和全球范围内促进科技创新、经济增长和整体竞争力。具体来看，DMA 针对大型科技公司提议，根据用户数量、资本额、市场力量或营业额将公司平台产品分类，包括苹果、谷歌、脸书和亚马逊等可能被限定为"看门人"而承担新的义务，此项措施旨在防止大公司滥用其市场力量，并允许较小的新兴参与者进入市场和公平竞争。DSA 更关注消费者权益保护问题，通过对 2000 年《电子商务指令》进行现代化改造，目的是更新欧盟关于中介机构非法内容、透明广告和虚假信息等的法律框架。

（11）欧盟《一般数据保护条例》

欧盟《一般数据保护条例》（General Data Protection Regulation，GDPR）于 2016 年 4 月 14 日通过，并于 2018 年 5 月 25 日开始执行。该条例取代了

---

❶ European Commission. Proposal for a REGULATION OF THE EUROPEAN PARLIAMENT AND OF THE COUNCIL on a Single Market For Digital Services（Digital Services Act）and amending Directive 2000/31/EC［EB/OL］.（2020-12-15）[2022-05-15］. https://eur-lex.europa.eu/legal-content/en/TXT/?uri=COM:2020:825:FIN.

1995年通过的《关于个人信息处理保护及个人信息自由传输的指令》，与1995年指令不同的是，《一般数据保护条例》生效即成为成员国国内法的一部分，成为一个综合性的欧洲个人信息保护计划，大大减少行政成本。《一般数据保护条例》是欧盟法律中关于欧盟和欧洲经济区数据保护和数据隐私保护的条例，具有直接约束力和适用性，也成为世界多国法律的典范。该条例是欧盟隐私法和人权法的重要组成部分，主要目的是赋予欧盟公民个人信息保护的基本权利，核心是提高个人数据收集、存储和使用的透明度、管控力。该条例的颁布和实施为欧盟数字经济发展增添活力，同时对国际法在数据保护领域的发展有深远意义，欧盟在数据保护方面的法律法规也因其重要性而被用作基线，如2018年美国加利福尼亚州的《加利福尼亚消费者隐私法》、2021年美国弗吉尼亚州《消费者数据隐私法》、2021年我国《个人信息保护法》等都将《一般数据保护条例》作为参考。

《一般数据保护条例》共11章，内容涉及一般规定、原则、数据主体的权利、数据控制者或处理者的职责、向第三国转移个人数据、监管机构、成员国间合作、补救措施、责任或违反权利、其他条款。《一般数据保护条例》的数据保护对象为：基本身份信息，如姓名、联系方式、身份证号等；网络数据，如IP地址、使用痕迹、RFID标签等；医疗保健和遗传数据，如家族病史、医疗记录、基因序列等；生物识别数据，如指纹、虹膜等；种族或民族数据；政治观点等。在数据主体的权利方面，该条例指出，公民的数据具有可携带权、被遗忘权、限制数据处理权、知情权、访问权、修正权、拒绝权共七项权利。该条例对数据控制者和处理者也做出严格要求，如数据控制者以简洁、透明、可理解和易于访问的形式向数据主体提供信息，注意使用清晰明了的语言并且关注针对儿童的任何信息；必须明确披露任何数据收集行为，声明数据处理的合法依据和目的，说明数据保留时效以及是否与任何第三方等共享数据；加密和假名化以降低相关数据主体的风险，等等。综上所述，《一般数据保护条例》重点关注个人数据收集的主体同意、数据控制者与数据处理者的划分和责任、欧盟内部数据自由流动和第三国个人数据转移条件这三个核心问题的原则设立和规范确认，通过圈定自由范围和平衡多方利益，推动安全保护前提下的数据流动。

（12）欧盟《数字化单一市场版权指令》

2016年9月14日，欧盟委员会发布《数字化单一市场版权指令》（*Directive on Copyright in the Digital Single Market*）草案（以下简称《版权指令》），旨在促进信息技术环境下数字作品和其他版权客体的传播和利用，是欧盟版权制度面对信息技术发展和数字经济增长带来的巨大挑战而做出的重要变革。早在数据科学和信息时代的开端时期，欧洲议会和欧盟理事会就于2001年5月22日发布了《关于协调信息社会中版权及相关权利某些方面的2001/29/EC指令》❶，强调通过作品使用的例外和限制来保障公共权益和促进文化交流。《版权指令》也是2015年欧盟《数字化单一市场战略》的重要组成部分，致力于实现个人、企业等主体在资源自由流动和公平竞争环境下的在线访问活动。同时，欧盟委员会于2015年12月发布了《面向现代欧洲的版权框架》（*Towards a Modern European Copyright Framework*）❷，强调了数字单一市场战略在版权领域的部分推进。此后通过的一系列工作计划和立法提案，也是为确保在线内容服务的跨境可以执行新规则，以使欧盟版权规则适应数字时代技术革新、新的消费行为和欧洲文化多样性，最终转换为创新活力和投资驱动力。

从内容上看，《版权指令》的核心贡献体现在版权例外和限制条款、扩大版权许可范围、赋予新闻出版作品数字化使用的邻接权3个方面，侧重促进数字环境下版权市场的稳定运行，确保创作者利益和公众访问的可能性。其中，关于版权例外和限制条款，《版权指令》增加了3个使用场景：①科研机构以科研为目的的复制、提取和分析等数据处理行为属于侵权例外；②以

---

❶ European Parliament, Council of the European Union. Directive 2001/29/EC of the European Parliament and of the Council of 22 May 2001 on the harmonisation of certain aspects of copyright and related rights in the information society［J］. Official Journal L, 2001, 167（22/6）：10–19.

❷ European Commission. Towards a modern, more European copyright framework［EB/OL］.（2015-09-12）［2022-05-15］. https://enterprise.gov.ie/en/Consultations/Consultations-files/Towards-a-modern-more-European-copyright-framework.pdf.

数字形式使用作品而用于教学目的；③图书馆、档案馆和博物馆等为保护文化遗产而制作永久保存的作品复制件。关于扩大版权许可范围，主要体现在扩大脱销作品许可，即文化保护机构出于非商业性目的而对永久馆藏作品进行数字化或复制、发行的行为，以及扩大视听作品的许可机制以实现用户对视听作品的自由使用。关于赋予新闻出版者对其新闻出版作品数字化使用的邻接权，主要是考虑到在线新闻聚合平台对于新闻出版者劳动成果权益的损害。综上，《版权指令》考虑到数字技术和网络平台对版权保护带来的挑战，基于具体场景保护版权人利益，维护了文化市场的创作热情和数字作品的社会影响。

（13）欧盟《非个人数据自由流动条例》

2018年11月14日欧洲议会和欧盟理事会公布了《非个人数据自由流动条例》（*Free Flow of Non-personal Data Regulation*，FFD）❶，旨在通过制定有关数据本地化、保障主管当局数据可用性、专业用户数据迁移的相关规则，以确保非个人数据在欧盟内部的自由流动。当前，信息技术和数据资源已成为现代经济体系和社会创新产业链的基础，而数据价值链作为系统核心建立在数据收集、聚合、组织、处理、分析、分销、应用和再利用等不同经济活动中。同时，人工智能、物联网、5G等新兴技术作为非个人数据的主要来源，引发数据访问、数据重用、应用决策等新的道德和法律问题。基于以上的时代背景，该条例出台源于欧盟有关机构考虑到数据本地化政策、内部市场分割性已对欧盟数字经济造成阻碍，使得云服务提供商间缺乏竞争、数据服务供应商锁定问题、削弱私人公司和研发机构的创新合作等。

《非个人数据自由流动条例》共10条规定。第2条和第3条阐述使用范围和概念定义，明确适用于欧盟境内除个人数据外的电子数据处理，即服务对象居住在欧盟境内或在欧盟境内营业的提供商。这里的数据处理是对数据或数据集执行的任何操作或一组操作，无论是否通过自动方式，如收集、记

---

❶ European Parliament, Council of the European Union. Regulation（EU）2018/1807 of the European Parliament and of the Council of 14 November 2018 on a framework for the free flow of non-personal data in the European Union[J]. Official Journal L, 2018, 303（28/11）:59-68.

录、组织、结构化、存储、改变或变更、检索、咨询、使用、通过传输、传播或以其他方式提供的披露、组合、限制、删除或破坏。第4条明确欧盟内非个人数据自由流动的原则，指出除非危及公共安全，否则禁止任何数据本地化。第5条为确保主管当局的数据可用性，要求用户不得拒绝向主管当局提供数据或以数据是在另一成员国存储及处理为由拒绝。第6条鼓励基于透明度和互操作性原则，促进服务提供商以结构化、常用和机器可读格式移植数据，并确保签订数据处理合同前提供详细、清晰和透明的流程、技术要求、时间框架和费用的信息，为用户转换服务提供者提供便利。

（14）欧盟《欧盟数据战略》

2020年2月19日，欧盟委员会发布《欧盟数据战略》（*A European Strategy for Data*）报告❶，概述了欧盟未来五年实现数字经济所需的政策措施和投资策略。同时发布的还有欧盟委员会《塑造欧洲的数字未来》（*Shaping Europe's Digital Future*）❷和《人工智能白皮书》（*The White Paper on Artificial Intelligence*）❸两份报告，其中从数据、数据经济、数字价值观三个重要战略角度进行阐述。《塑造欧洲的数字未来》强调了欧盟数字化转型中"以人为本"的价值观，指出数字解决方案应为个人发展、企业转型、绿色经济和气候变化作出贡献，并提出欧洲数字化转型的三个主要支柱：服务于人的数字技术、公平竞争的单一市场、开放民主且可持续的社会。《人工智能白皮书》强调欧盟面对人工智能技术带来的机遇和挑战，重视数据赋能和创新激活，同时需要秉持欧洲数字化价值观以部署和发展相关领域研究和产业经济。

---

❶ European Commission. European data strategy [EB/OL]. (2020-02-19) [2022-05-15]. https://ec.europa.eu/info/strategy/priorities-2019-2024/europe-fit-digital-age/european-data-strategy_en.

❷ European Commission. Shaping Europe's digital future [EB/OL]. (2020-02-19) [2022-05-15]. https://ec.europa.eu/info/strategy/priorities-2019-2024/europe-fit-digital-age/shaping-europe-digital-future_en.

❸ European Commission. White Paper on Artificial Intelligence: a European approach to excellence and trust [EB/OL]. (2020-02-19) [2022-05-15]. https://ec.europa.eu/info/strategy/priorities-2019-2024/europe-fit-digital-age/shaping-europe-digital-future_en.

《欧洲数据战略》主要目标是确保欧盟在数字经济浪潮中成为领导者，通过建立欧盟数据空间（data space）和数字单一市场（digital single market）来激发市场数据活力，提升欧盟经济创新动力和全球经济竞争力。该战略期望发展数据驱动的经济以造福公民和企业，如改善医疗保健现状、打造安全且清洁的交通系统、激励新的数据产品和服务的产生、降低公共服务成本、提高能源效率和经济可持续性。《欧盟数据战略》报告预计2025年全球数据总量将从2018年的32ZB增长至175ZB，为了抓住信息时代和数字经济给欧盟带来的巨大机遇，欧盟基于2018年数据设定了3个2025年数据产业发展目标：①数字经济产值从3010亿欧元增长至8290亿欧元；②数字经济从业人员规模从570万人增长至1090万人；③欧盟公民中具备基本数字素养的占比从57%增长至68%，由此欧盟可成为一个数据驱动和科学决策的社会领导榜样。

《欧盟数据战略》包含一系列法律条例、专家报告、政府投资和领域实践，如2020年11月25日欧盟委员会通过的《数据治理法案》（the Data Governance Act）作为欧盟数据战略的一个关键支柱，旨在增加各部门和成员国间对数据共享的信任，加强提高数据可用性的机制，并克服数据重用的技术障碍。❶2020年发布的一项《关于企业对政府（B2G）数据共享》的专家报告，包含一系列政策、立法和投资建议，旨在通过一套可扩展、负责任和可持续的数据解决方案，推动公共部门将私营企业数据用于公共利益，同时培养科学、包容和参与的数字文化。❷对于数据管理全周期中的各流程，《欧盟数据战略》采取了一系列立法实践和投资行为以促进访问、共享和再利用：①就数据治理、访问和重用采取立法措施；②通过在欧盟范围内开放

---

❶ European Commission. European data governance act［EB/OL］.（2022-02-23）［2022-05-15］. https://digital-strategy.ec.europa.eu/en/policies/data-governance-act.

❷ European Commission. Experts say privately held data available in the European Union should be used better and more［EB/OL］.（2020-02-19）［2022-05-15］. https://digital-strategy.ec.europa.eu/en/news/experts-say-privately-held-data-available-european-union-should-be-used-better-and-more.

高价值的公共数据集并允许其免费重用;③向欧洲高影响项目投资20亿欧元,以开发数据处理基础设施、数据共享工具、系统架构和治理机构,促进数据共享和云服务发展;④促进数据处理服务采购市场建设和明确有关云规则架构的适用监管框架,实现对安全、公平和竞争活力的云服务的访问。

(15)欧盟《数据法案》草案

2022年2月23日,欧盟委员会公布《数据法案》(*Data Act*)草案,核心目的是确保数据经济参与者间数据价值分配的公平性,并促进跨部门的数据共享,以此抵制数据锁定以供制造商和少量参与者使用的商业模式。该法案重点关注非个人的工业数据和物联网数据等,主要面向互联网产品制造商、数据服务提供商和数据用户等主体,涉及数据共享、公共机构访问、国际数据传输、云转换和互操作性等方面的规定。该法案是欧盟委员会2020年2月提交的欧洲数据战略的关键部分,欧洲的目标是建立一个真正的单一数据市场,并成为数据经济的全球领导者;而该法案旨在确保所有行业的企业都能够创新和竞争。

《数据法案》草案反映了欧盟委员会使欧洲适应数字时代的目标,指出未来经济将具有高度信任、安全、保密、消费者选择的特点。该法案通过数据行为规范旨在支持内部数据市场发展,挖掘公共部门、企业和个人的数据的利用价值,如公共部门在特殊情况下访问私营公司的数据来迅速有效应对突发性公共事件,而私营企业通过公共数据提高决策质量和服务水平。从规则内容上看,《数据法案》草案为增加用户和企业的法律确定性,要求制造商和设计师在设计产品时,让他们收集的数据在默认情况下易于访问;规定数据持有者有义务根据用户的要求向第三方提供数据。对于数据提供者的一般规则,规定当数据持有者尽义务向另一家公司提供数据时,必须带有公平和非歧视性的条件和合理的补偿;规定设置争端解决机构,该机构可以帮助在赔偿或条件上存在分歧的各方达成协议。同时,欧盟委员会解决了公司之间数据共享合同中合同条款的不公平问题,重点关注各方之间谈判权力不平衡的情况,如合同条款由一方单方面强加给中小企业时,为保护较弱的合同方,《数据法案》草案引入不公平测试,不公平会阻碍合同双方使用数据。

通过以上规定，《数据法案》草案希望能够更公平地维护数据经济中的多方权益，以此调动各主体参与数据共享、产业合作和价值创新。

（16）巴西《巴西通用数据保护法》

2020年9月18日，巴西国民议会颁布《巴西通用数据保护法》，作为巴西第一部关于数据保护和隐私保护的综合性法律，为数据收集、处理、存储和共享各环节的行为规范提供了法律基础。《巴西通用数据保护法》规定数据主体享有所有权，同意权，访问、纠正、组织和删除个人数据的权利，访问便携式副本的权利，数据的可以移植权，获得赔偿权六项主要权利。对于数据控制者，在获取数据主体同意、回应数据主体要求、与共享者同步操作处理、保存数据执行的记录、任命数据执行官、风险及事故预警和通报等具体情境上都进行了具体规范。对于数据处理者，《巴西通用数据保护法》确定了处理个人数据的原则、遵循数据控制者指令、儿童及青少年个人数据处理原则、终止数据处理条件、数据保存的要求，其中处理个人数据的原则与欧盟的《一般数据保护条例》较为一致，具体包含目的、充分性、必要性、免费访问、数据质量、透明度、安全性、预防、非歧视、问责制十个方面。另外，在跨境数据传输方面，《巴西通用数据保护法》规定了数据跨境转移的九个条件，主要概括为两个方面：一是第三国或国际组织的个人数据保护水平须达到《巴西通用数据保护法》规定的程度；二是在使用标准合同条款或数据保护机构批准的其他机制的情况下。❶并在违规处罚方面对具体的处罚方式、处罚流程、罚款数额等方面进行了规定。

（17）中国发起《全球数据安全倡议》

2020年9月，国务委员兼外交部部长王毅在全球数字治理研讨会上发起《全球数据安全倡议》❷，为全球数字治理规则制定贡献了中国方案，得到国际社会广泛积极评价。该倡议在国家数据战略方面重申了中

---

❶ 刘允泉，彭汉英.《巴西通用数据保护法》合规指引［J］.中国信息安全，2021（2）：72-75.

❷ 中国政府网. 全球数据安全倡议［EB/OL］.（2020-09-08）［2022-05-15］. http://www.gov.cn/xinwen/2020-09/08/content_5541579.htm.

国立场，强调数据安全、数据主权、企业责任三个方面的核心诉求。倡议主要内容包括：①各国应以事实为依据全面客观看待数据安全问题，积极维护全球信息技术产品和服务的供应链开放、安全、稳定。②各国反对利用信息技术破坏他国关键基础设施或窃取重要数据，以及利用其从事危害他国国家安全和社会公共利益的行为。③各国承诺采取措施防范、制止利用网络侵害个人信息的行为，反对滥用信息技术从事针对他国的大规模监控、非法采集他国公民个人信息。④各国应要求企业严格遵守所在国法律，不得要求本国企业将境外产生、获取的数据存储在境内。⑤各国应尊重他国主权、司法管辖权和对数据的安全管理权，未经他国法律允许不得直接向企业或个人调取位于他国的数据。⑥各国如因打击犯罪等执法需要跨境调取数据，应通过司法协助渠道或其他相关多双边协议解决。国家间缔结跨境调取数据双边协议，不得侵犯第三国司法主权和数据安全。⑦信息技术产品和服务供应企业不得在产品和服务中设置后门，非法获取用户数据、控制或操纵用户系统和设备。⑧信息技术企业不得利用用户对产品的依赖性谋取不正当利益，不得强迫用户升级系统或更新换代。产品供应方承诺及时向合作伙伴及用户告知产品的安全缺陷或漏洞，并提出补救措施。

（18）中国同阿盟发表《中阿数据安全合作倡议》

2021年3月29日，中华人民共和国外交部与阿拉伯国家联盟秘书处共同主持召开中阿数据安全视频会议，双方签署并发表《中阿数据安全合作倡议》。❶ 双方及阿盟成员国负责网络和数字事务的官员出席对话。阿方欢迎中方提出《全球数据安全倡议》，支持秉持多边主义、兼顾安全发展、坚守公平正义的原则，共同应对数据安全风险挑战。双方一致认为：信息技术革命日新月异，数字经济蓬勃发展，深刻改变着人类生产生活方式，对各国经济社会发展、全球治理体系、人类文明进程影响深远。作为数字技术的关键要素，全球数据爆发增长，海量集聚，成为实现创新发展、重塑人们生

---

❶ 中华人民共和国外交部. 中阿数据安全合作倡议［EB/OL］.（2021-03-30）［2022-05-15］. https://www.163.com/dy/article/G6BJS26G0511A72B.html.

活的重要力量，事关各国安全与经济社会发展。在全球分工合作日益密切的背景下，确保信息技术产品和服务的供应安全对于提升用户信心、保护数据安全、促进数字经济发展至关重要。为此，双方倡议：①各国应以事实为依据全面客观看待数据安全问题，积极维护全球信息技术产品和服务的供应开放、安全、稳定。②各国反对利用信息技术破坏他国关键基础设施或窃取重要数据，以及利用其从事危害他国国家安全和社会公共利益的行为。③各国承诺采取措施防范、制止利用网络侵害个人信息的行为，反对滥用信息技术非法采集他国公民个人信息。④各国应要求企业严格遵守所在国法律。各国应尊重他国主权、司法管辖权和对数据的安全管理权，未经他国法律允许不得直接向企业或个人调取位于他国的数据。⑤各国如因打击犯罪等执法需要跨境调取数据，应通过司法协助渠道或其他相关多双边协议解决。国家间缔结跨境调取数据双边协议，不得侵犯第三国司法主权和数据安全。⑥信息技术产品和服务供应企业不得利用其产品和服务非法获取用户数据、控制或操纵用户系统和设备。⑦信息技术企业不得利用用户对产品依赖性谋取不正当利益，强迫用户升级系统或更新换代。产品供应方承诺及时向合作伙伴及用户告知产品的安全缺陷或漏洞，并提出补救措施。

5.2 国内数据保护政策法规

（1）我国发布《电子出版物出版管理规定》

2007年12月26日，新闻出版总署第2次署务会议通过了《电子出版物出版管理规定》，并于2008年4月15日起施行。2015年8月28日，根据《国家新闻出版广电总局关于修订部分规章和规范性文件的决定》发布了《电子出版物出版管理规定（2015修正）》，旨在加强对电子出版物出版活动的管理，促进电子出版事业的健康方法与繁荣。管理规定中定义"电子出版物"是指以数字代码方式，将有知识性、思想性内容的信息编辑加工后存储在固定物理形态的磁、光、电等介质上，通过电子阅读、显示、播放设备读取使

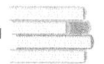

用的大众传播媒体,包括只读光盘、一次写入光盘、可擦写光盘、软磁盘、硬磁盘、集成电路卡等,以及新闻出版总署认定的其他媒体形态。

(2)我国发布《中华人民共和国网络安全法》

中华人民共和国第十二届全国人民代表大会常务委员会第二十四次会议于 2016 年 11 月 7 日通过了《中华人民共和国网络安全法》(以下简称《网安法》),自 2017 年 6 月 1 日起施行。该法律共七章,包括总则、网络安全支持与促进、网络运行安全、网络信息安全、监测预警与应急处置、法律责任和附则。《网安法》对于建立和完善网络安全等级保护制度、关键信息基础设施保护制度、数据跨境流动监管制度、个人信息保护制度等有着重要意义,但《网安法》中的条文仍需要一系列配套规范加以细化。《信息安全技术个人信息安全规范》就是第四章"网络信息安全"的一项重要配套规范,由全国信息安全标准化技术委员会于 2020 年 3 月 6 日正式发布。该规范针对个人信息安全问题,根据《网安法》规范个人信息控制者在收集、保存、使用、共享、转让、公开披露等环节中的信息行为,旨在遏制个人信息非法收集、滥用、泄漏等乱象。

在个人信息保护方面,《网安法》及其配套规定总结了以往消费者信息保护、通信信息保护、网络信息保护等各类法律法规中关于个人数据安全的有益做法,并借鉴国外先进的立法经验,以基本法形式统一个人信息的定义和范围,健全了个人信息保护法律制度。从保护客体和概念内涵上,《网安法》将网络数据定义为"通过网络收集、存储、传输、处理和产生的各种电子数据";将个人信息定义为"以电子或其他方式记录的能够单独或与其他信息结合识别特定自然人身份或反映特定自然人活动情况的各种信息"。《信息安全技术个人信息安全规范》又更为详细地对个人敏感信息、个人信息主体、个人信息控制者、收集、明示同意、授权同意、用户画像、公开披露等术语进行定义。在网络安全和数据保护涉及的个人权利方面,《网安法》及其配套规定赋予信息主体知情权、更正权、明示同意权、访问权、注销权、撤回权共六项主要权利。并且要求个人信息控制者开展个人信息处理活动应遵循合法、正当、必要的原则,具体包含:权责一致、目标明确、选择同意、最小必要、公开透明、确保安全、主体参与。

《网安法》也体现了我国对数据本地化、数据跨境流动的思考，为大数据时代挖掘数字经济发展潜力和平衡数据安全保护提供应对方案。数据跨境流动是信息技术和数字经济迅猛发展的必然要求，且对国家安全及公众安全、个人信息安全、服务和设备稳定保障、产业发展及业务竞争力等都有重要影响。因此《网安法》在第37条明确"关键信息基础设施的运营者在中华人民共和国境内运营中收集和产生的个人信息和重要数据应当在境内存储。因业务需要，确需向境外提供的，应当按照国家网信部门会同国务院有关部门制定的办法进行安全评估"。同时，在第31条划定了关键信息基础设施的定义范围，规定"国家对公共通信和信息服务、能源、交通、水利、金融、公共服务、电子政务等重要行业和领域，以及其他一旦遭到破坏、丧失功能或者数据泄露，可能严重危害国家安全、国计民生、公共利益的关键信息基础设施，在网络安全等级保护制度的基础上，实行重点保护"。但《网安法》对于规范数据跨境流动仍有不足，如数据分类和重要数据解释、监管机构和监管立法、数据主权和保护原则等。

（3）我国发布《中华人民共和国民法典》

中华人民共和国第十三届全国人民代表大会第三次会议于2020年5月28日通过《中华人民共和国民法典》（以下简称《民法典》），自2021年1月1日起施行。《民法典》对隐私保护、个人信息保护、数据保护进行了区分和阐释，将隐私权和个人信息归于人格权保护下，而数据归属于财产权，个人信息和数据只是需要保护的权益而非权利。

对于隐私权，《民法典》规定自然人享有隐私权并受法律保护，任何组织或者个人不得以刺探、侵扰、泄露、公开等方式侵害他人的隐私权。隐私权强调的是"私密性"和"非公开性"，即个人生活、私密空间、私密活动和私密信息等不受侵害，旨在维护个人尊严和秘密保护。部分非公开的个人信息属于隐私权保护范围，但个人信息保护更关注信息收集和信息利用的行为规范，实现的是信息流通和权利保护间的平衡。对于数据，《民法典》只做了简单规定，在第127条从财产权保护方面创造性地提出数据保护的规定。数据和个人信息可相互转化，当个人信息经过"匿名化"处理而不能识别和复原后即成为数据；同样数据技术也可识别定位个人信息，数据包含的内容和价值可通过个人信息、商业秘密、知识产权等进行保护。如《民法典》第123条规定，知识产权是权利人依法就八种客体享有的专有权利，包括：作品，发明、实用新型及外观设计，商标，地理标志，商业秘密，集成电路布图设计，植物新品种，法律规定的其他客体。

个人信息作为人格权的保护客体，《民法典》对其定义范围、处理流程、行为规范、公民权利等都有明确规定。第一编"总则"第五章"民事权利"中第111条规定"自然人的个人信息受法律保护。任何组织或者个人需要获取他人个人信息的，应当依法取得并确保信息安全，不得非法收集、使用、加工、传输他人个人信息，不得非法买卖、提供或者公开他人个人信息"。在第四编"人格权"第六章"隐私权和个人信息保护"中第1034条，将"个人信息"定义为以电子或其他方式记录的能够单独或者与其他信息结合识别特定自然人的各种信息，包括自然人的姓名、出生日期、身份证件号码、生物识别信息、住址、电话号码、电子邮箱、健康信息、行踪信息等。并且规定个人信息的处理环节包含收集、存储、使用、加工、传输、提供、公开等。对于个人信息处理的具体规定，从处理原则和条件上进行行为限制，要求遵循合法、正当、必要原则，符合以下四个条件：征得自然人或其监护人同意；公开处理信息的规则；明示处理信息的目的、方式及范围；不违反法律、行政法规和双方约定。《民法典》也赋予公民数据查询、更正、删除等权利，第1037条规定"自然人可以依法向信息处理者查阅或复制其个人信息；发现信息有错误的，有权提出异议并请求及时采取更正等必要措施"。

（4）我国发布《中华人民共和国著作权法》

2020年11月11日，全国人大常委会通过了修正后的《中华人民共和国著作权法》（以下简称《著作权法》），《著作权法》自1990年9月7日首次颁布后经历了2001年、2010年和2020年三次修订。针对网络环境下知识产权保护的新特点和新需求，2014年6月，国家版权局公布《中华人民共和国著作权法（修订草案送审稿）》，在经过长达6年多的讨论后颁布。《著作权法》不断适应着信息时代和大数据背景下的新要素和新问题，是我国知识产权保护的关键基础性法律。该法共分为总则、著作权、著作权许可使用和转让合同、与著作权有关的权利、著作权和与著作权有关的权利的保护、附则共六章。

从保护客体上看，著作权法保护的是"作品"。以《著作权法》第3条列举说明，本法所称的作品，指文学、艺术和科学领域内具有独创性并能以一定形式表现的智力成果，包括：文字作品；口述作品；音乐、戏剧、曲艺、舞蹈、杂技艺术作品；美术、建筑作品；摄影作品；视听作品；工程设计图、产品设计图、地图、示意图等图形作品和模型作品；计算机软件；符合作品特征的其他智力成果。数据在某些形式和情境下可能成为《著作权法》的"作品"范畴，但目前不在《著作权法》及其法律法规作品列举的范围之内。这里"作品"的判断强调：一是作者的思想表达和智力成果；二是独创性的根本性原则。这就造成依托《著作权法》进行数据知识产权保护的矛盾，由于没有说明"作品"的构成要素和特征，且强调独创性和思想表现，使真实世界记录型数据不符合"作品"范畴；同时对于重视数据体量、搜集全面性、知识挖掘等特征的大数据，表现形式后期编排并不能体现其重要价值。因此还需探究非独创性数据内容保护和价值保护的路径。

（5）我国发布《中华人民共和国数据安全法》

中华人民共和国第十三届全国人民代表大会常务委员会第二十九次会议于2021年6月10日通过《中华人民共和国数据安全法》（简称《数据安全法》），自2021年9月1日起施行。该法共包含总则、数据安全与发展、数据安全制度、数据安全保护义务、政务数据安全与开放、法律责任、附则共七章。作为数据安全领域的基础性法律，《数据安全法》对数据、数据处理、数据安全作出了明确定义和具体解释。第3条将"数据"定义为任何以电子或者其他方式对信息的记录，包括电子和非电子形式，强调了信息载体的数据特性。同时定义"数据处理"为包括数据收集、存储、使用、加工、传输、提供、公开等。"数据安全"则指通过采取必要措施，确保数据处于有效保护和合法利用的状态，以及具备保障持续安全状态的能力。这里的数

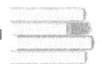

据安全既包含传统的静态安全,即数据质量相关的完整、保密和可用性;也包括信息时代下数据主权安全,即数据跨境流动和应用过程中涉及的个人利益、公共利益和国家利益安全。

《数据安全法》创新性地确立了数据分级保护制度、数据安全应急处置机制、数据安全审查制度等一系列举措,为数据安全监管、信息安全保护和数字经济发展提供专门的法律支持。❶第21条对数据分级保护制度进行阐述,指出"根据数据在经济社会发展中的重要程度,以及一旦遭到篡改、破坏、泄露或者非法获取、非法利用,对国家安全、公共利益或者个人、组织合法权益造成的危害程度,对数据实行分类分级保护",但对于重要数据的特征类别和保护举措等未进行具体说明。第23条对数据安全应急处置机制进行说明,指出"发生数据安全事件,有关主管部门应当依法启动应急预案,采取相应的应急处置措施,防止危害扩大,消除安全隐患,并及时向社会发布与公众有关的警示信息"。第24条对数据安全审查制度进行阐述,指出"国家建立数据安全审查制度,对影响或者可能影响国家安全的数据处理活动进行国家安全审查"。

《数据安全法》的另一个重点制度是域外效力制度,针对全球化和数字经济下数据流动和跨境业务的增加,实现以保护国家和公民利益为前提的对数据跨境流动模式的探索。该法第2条就明确了"长臂管辖"条款,指出在中华人民共和国境外开展数据处理活动,损害国家安全、公共利益或者公民、组织合法权益的,依法追究法律责任。同时针对境外运营者进行的数据获取、数据交易和数据应用行为,第31条和第32条对数据获取进行限制,第33条对数据交易进行规范。第31条针对关键信息基础设施,指出"关键信息基础设施的运营者在中华人民共和国境内运营中收集和产生的重要数据的出境安全管理,适用《中华人民共和国网络安全法》的规定"。根据2021年7月30日国务院发布的《关键信息基础设施安全保护条例》,关键信息基

---

❶ 商浩文,张萌.数据安全刑法保护的路径选择——以2021年《数据安全法》颁行为契机[J/OL].西北工业大学学报(社会科学版):1-9[2022-06-28]. http://kns.cnki.net/kcms/detail/61.1352.C.20220415.1509.008.html.

础设施是指公共通信和信息服务、能源、交通、水利、金融、公共服务、电子政务、国防科技工业等重要行业和领域的,以及其他一旦遭到破坏、丧失功能或者数据泄露,可能严重危害国家安全、国计民生、公共利益的重要网络设施、信息系统等。《数据安全法》第33条指出,"从事数据交易中介服务的机构提供服务,应当要求数据提供方说明数据来源,审核交易双方的身份,并留存审核、交易记录"。《数据安全法》既考虑到针对美国和欧盟的"长臂管辖"政策来强化我国域外效力制度,同时强调数据安全保护和数据经济发展的平衡,探索通过认证、分级、审核等方式实现数据流动。

(6)我国发布《中华人民共和国个人信息保护法》

第十三届全国人民代表大会常务委员会第三十次会议于2021年8月20日通过了《中华人民共和国个人信息保护法》(以下简称《个人信息保护法》),自2021年11月1日起施行。该法共包含总则、个人信息处理规则、个人信息跨境提供的规则、个人在个人信息处理活动中的权利、个人信息处理者的义务、履行个人信息保护职责的部门、法律责任、附则共八章。对于保护客体"个人信息",该法第4条定义为"个人信息是以电子或者其他方式记录的与已识别或者可识别的自然人有关的各种信息,不包括匿名化处理后的信息"。个人信息处理包括个人信息的收集、存储、使用、加工、传输、提供、公开、删除等。

《个人信息保护法》宗旨是保护个人信息权利主体的合法权益,重点是在第四章构建了公民数据权利体系。第44条规定了知情权和决定权;第45条规定了个人有权向个人信息处理者查阅、复制其个人信息;第46条规定了个人有权请求个人信息处理者更正、补充不准确或不完整的个人信息;第47条规定了删除权以及适用的具体情境;第48条规定了个人要求个人信息处理者解释说明的权利。《个人信息保护法》所规定的个人数据权利借鉴了欧盟《一般数据条例》中的权利保护框架,并且要求配套法规在具体实施时考虑针对性和可操作性,切实保护个人数据权利。

同时《个人信息保护法》对个人信息处理者的义务和适用情境进行阐述,这里并未区分信息处理者和信息控制者。第51条规定了个人信息处理者通过制定内部管理制度和操作规程，实行分类管理，适用加密和去标识化等安全技术，确定操作权限，员工安全教育和培训，制定安全事件应急预案等，防止个人信息未经授权的访问以及个人信息泄露、篡改、丢失。第52条规定了处理个人信息达到国家网信部门规定数量的个人信息处理者应指定个人信息保护负责人。第55条规定了针对敏感个人信息、利用个人信息进行自动化决策、向第三方提供或公开、境外提供等情境应进行影响评估并记录处理情况。第57条规定了个人信息受破坏时的通知事项和补救措施。而第58条关注提供重要互联网平台服务、用户数量巨大、业务类型复杂的个人信息处理者的义务。

（7）我国发布《"十四五"数字经济发展规划》

2021年12月12日，国务院印发《"十四五"数字经济发展规划》（以下简称《规划》），阐明了"十四五"时期我国数字经济正转向深化应用、规范发展、普惠共享的新阶段，为各产业重视数字经济形态的健康发展提供指导。《规划》对后续知识产权工作进行全面部署，其中包括互联网、大数据、人工智能等新领域新业态的知识产权保护措施。《规划》分为发展现状和形势、总体要求、优化升级数字基础设施、充分发挥数据要素作用、大力推进产业数字化转型、加快推动数字产业化、持续提升公共服务数字化水平、健全完善数字经济治理体系、着力强化数字经济安全体系、有效拓展数字经济国际合作、保障措施共11部分。全面、完整且系统地概述了数字经济持续健康发展的关键要素、基础设施、核心问题、发展指标、产业方向、国际合作等多个重点方面，为信息时代中国更好的国内经济转型和参与国际竞争提供了重要框架指南，并将数据要素和数字技术的价值提升至重要高度。

《规划》中将数字经济定义为"继农业经济、工业经济之后的主要经济形态，是以数字资源为关键要素，以现代信息网络为主要载体，以信息通信技术融合应用、全要素数字化转型为重要推动力，促进公平与效率更加统一的新经济形态"。《规划》概述了"十三五"时期我国数字经济发展的战略成效，即信息基础设施全球领先、产业数字化转型稳步加速、新业务新模式竞相发展、数字政府建设成效显著、数字经济国际合作不断深化；但也指出，在领域创新力、产业链布局、数字鸿沟弥合、数字资源价值挖掘、数字经济治理体系等方面的问题和挑战。《规划》还提出数字经济发展的四个基本原则：①坚持创新引领、融合发展；②坚持应用牵引、数据赋能；③坚持公平竞争、安全有序；④坚持系统推进、协同高效。

针对数据要素在数字经济发展中的核心地位以及目前数据安全问题和数据治理体系尚不完善的发展现状，《规划》第4部分对于数据质量控制、市场流通、开发利用机制方面都进行了具体规范。首先，提升数据供给的数量和质量，实现激发市场高质量数据供给和数据安全管控的平衡。对于数据采集，支持市场主体依法合规采集数据，通过数据标注、清洗、脱敏、脱密、聚合、分析等环节的技术开发和管理流程提升资源处理能力；鼓励探索面向业务应用的共享、交换、协作和开放，提出"加快推动各领域通信协议兼容统一，打破技术和协议壁垒，努力实现互通互操作，形成完整贯通的数据链"。在数据安全和风险管控方面，《规划》要求通过数据分类分级管理、安全风险评估、监测预警和应急处理等举措降低风险，并建立健全国家公共数据资源体系，统筹公共数据开放利用。其次，对于推动数据要素市场化流通，《规划》重点关注数字技术在数据流通中的应用，鼓励基于区块链等探索数据授权使用、数据溯源等方案，提升交易流通效率。最后，对于数字要素的价值挖掘和创新开放，从安全前提、服务类型、要素融合、多方参与、开放许可、智慧城市等方面提出建议。

5.3　中外数据保护策略分析

5.3.1　欧盟数字资源保护的法律演变进程及特征

受欧盟及其成员国由于现代政府发展和第二次世界大战的相关影响，最早通过政府收集个人数据和针对个人信息保护进行立法，隐私泄露风险、个人信息采集条件、个人信息主体权利、跨境信息流动等问题被列入首要考虑的范畴。因此欧盟数字资源保护的演化历程是从个人信息保护到个人数字信息保护，再到非个人数字信息保护。同时欧盟法律对个人数据流动的限制和保护力度也尤为突出，这在初期降低了信息泄露给个人和公众利益造成的破坏，但在长远上也影响着现在数字经济发展后数据流动的自由度，进而影响信息时代的全球经济地位。表5.3.1.1梳理和列举了欧盟数据保护相关政策文件及法律法规。

表5.3.1.1 欧盟数据保护相关政策法规

发布时间	生效时间	发布机构	文件名称 （中文名称、英文名称）	相关内容
1950年11月	1953年9月	欧洲委员会	《保护人权和基本自由公约》或《欧洲人权公约》 Convention for the Protection of Human Rights and Fundamental Freedoms (European Convention on Human Rights，ECHR)	保护属于欧洲委员会成员国的人民的人权，被广泛认为是最有效的人权保护国际条约。第8条指出，个人数据处理保护构成尊重个人隐私和家庭生活、住宅和通信权利的一部分
1981年1月	1985年10月	欧洲委员会	《在个人数据自动处理方面保护个人的现代化公约》或《第108号公约》 Convention for the Protection of Individuals with Regard to Automatic Processing of Personal Data	旨在保护个人隐私权，考虑到自动化处理的个人数据的跨境流动不断增加。从义务、数据质量、特殊类别数据、数据安全、对数据主体的额外保护、例外与限制、制裁和补救措施、扩展保护等11个方面提出基本原则

续表

发布时间	生效时间	发布机构	文件名称（中文名称、英文名称）	相关内容
1995年10月	1995年12月	欧洲议会和欧盟理事会	《关于个人信息处理保护及个人信息自由传输的95/46/EC指令》或《数据保护指令》 Directive 95/46/EC of the European Parliament and of the Council of 24 October 1995 on the protection of individuals with regard to the processing of personal data and on the free movement of such data (Data Protection Directive)	作为一项欧盟指令，用于规范欧盟内部个人数据处理及其自由流动，提出处理个人数据的透明度、合法目的、比例性三个基本原则或条件。后被2016年4月《一般数据保护条例》取代
1996年3月	1996年3月	欧洲议会和欧盟理事会	《关于数据库法律保护的96/9/EC指令》或《数据库指令》 Directive 96/9/EC of the European Parliament and of the Council of 11 March 1996 on the legal protection of databases (Database Directive)	属于欧盟版权法领域，致力于统一成员国数据库保护法律以助力内部市场运作，协调版权法管理下对数据库的规范及不符合版权条件的数据库创建者的特殊权利。后被欧盟《数据法案》新的数据统一规则取代
2000年6月	2000年6月	欧洲议会和欧盟理事会	《关于内部市场信息社会服务，特别是电子商务的某些法律方面的2000/31/EC指令》或《电子商务指令》 Directive 2000/31/EC of the European Parliament and of the Council of 8 June 2000 on certain legal aspects of information society services, in particular electronic commerce, in the Internal Market (Electronic Commerce Directive)	为在线服务提供了灵活、技术中立和平衡的法律框架，目的是消除欧盟内部市场跨境在线服务阻碍。对在线服务提供商的行为透明、信息处理等制定了统一规则，鼓励制定自愿行为准则和加强成员国合作

续表

发布时间	生效时间	发布机构	文件名称（中文名称、英文名称）	相关内容
2001年5月	2001年6月	欧洲议会和欧盟理事会	《关于协调信息社会版权及相关权某些方面的2001/29/EC指令》或《信息社会指令》Directive 2001/29/EC of the European Parliament and of the Council of 22 May 2001 on the harmonisation of certain aspects of copyright and related rights in the information society(Information Society Directive)	旨在协调欧洲版权法，考虑互联网和新通信技术有关领域，为欧盟批准世界知识产权组织（WIPO）版权条约以及表演和录像制品条约做准备。但由于对版权和通信行业作出妥协，未能解决数字环境下版权的重要问题，对成员国约束较弱且实现效果较差
2002年7月	2002年7月	欧洲议会和欧盟理事会	《关于在电子通信领域处理个人信息和数据隐私的2002/58/EC指令》或《电子隐私指令》Directive 2002/58/EC of the European Parliament and of the Council of 12 July 2002 concerning the processing of personal data and the protection of privacy in the electronic communications sector (Privacy and Electronic Communications Directive, ePD or ePrivacy)	作为第一部欧盟立法，是对《数据保护指令》的补充，重点关注电子通信领域的隐私权以及数据、通信设备和服务的自由流动，涉及信息机密性、流量数据处理、垃圾邮件和cookie等重要问题的监管。2009年11月25日，2009/136/EC指令对其进行修订，后被2018年《电子隐私条例》（ePR）取代
2003年12月	2003年12月	欧洲议会和欧盟理事会	《关于公共部门信息再利用的2003/98/EC指令》Directive 2003/98/EC on the re-use of public sector information (PSI)	PSI指令旨在消除在欧盟范围内为商业和非商业目的重复使用公共部门信息的阻碍，为该领域提供了一个共同的立法框架。PSI指令于2017年修订成为《开放数据指令》，2019年又进行了全新修订

165

续表

发布时间	生效时间	发布机构	文件名称 （中文名称、英文名称）	相关内容
2015年5月	2015年5月	欧盟委员会	《数字单一市场战略》 *The Digital Single Market Strategy* (DSMS)	为适应数字时代的欧盟单一市场而提出，确保人员、服务和资本自由流动，允许个人和企业无缝访问和在线参与，实现数字市场平等竞争和个人数据高度保护
2016年4月	2018年5月	欧洲议会和欧盟理事会	《一般数据保护条例》 *Regulation on the protection of natural persons with regard to the processing of personal data and on the free movement of such data, and repealing Directive 95/46/EC* (General Data Protection Regulation，GDPR)	被认为是世界上最严格的隐私和安全法，主要目的是加强个人对其个人数据的控制，提出了7项数据保护和问责原则，明确了各数据主体的8项隐私权利。作为一项法规，具有直接约束力和实用性，成为世界上多国数据保护法律的典范
2018年11月	2019年5月	欧洲议会和欧盟理事会	《非个人数据自由流动条例》 *Regulation* (EU) 2018/1807 *of the European Parliament and of the Council of 14 November 2018 on a framework for the free flow of non-personal data in the European Union* (Free Flow of Non-personal Data Regulation，FFD)	旨在通过规范数据本地化、主管当局数据可用性、专业用户的数据移植等，消除非个人数据在不同欧盟国家和欧洲IT系统间自由流动的障碍，与《一般数据保护条例》一起为欧洲共同数据空间和欧盟内所有数据的自由流动提供了一个全面的框架

续表

发布时间	生效时间	发布机构	文件名称（中文名称、英文名称）	相关内容
2019年3月	2019年6月	欧洲议会和欧洲理事会	《数字化单一市场版权指令》 Directive (EU) 2019/790 of the European Parliament and of the Council of 17 April 2019 on copyright and related rights in the Digital Single Market and amending Directives 96/9/EC and 2001/29/EC (Directive on Copyright in the Digital Singles Market)	扩展了现有欧盟版权法，是欧盟数字单一市场项目的一个组成部分，主要目标为保护新闻出版物、缩小互联网平台与内容创作者间"价值差距"、为文本和数据挖掘创建版权例外等
2019年6月	2019年7月	欧洲议会和欧盟理事会	《网络安全法》 Regulation (EU) 2019/881 of the European Parliament and of the Council of 17 April 2019 on ENISA (the European Union Agency for Cybersecurity) and on information and communications technology cybersecurity certification and repealing regulation (EU) No 526/2013 (Cybersecurity Act)	为ICT产品、服务和流程建立了一个欧盟范围内的网络安全认证框架，补充了2016年《网络安全和信息系统安全指令》（NIS），强化了欧盟网络安全机构（ENISA），赋予该机构永久授权
2019年7月	2019年7月	欧洲议会和欧盟理事会	《开放数据和公共部门信息再利用的指令》 Directive (EU) 2019/1024 of the European Parliament and of the Council of 20 June 2019 on open data and the re-use of public sector information	是对2003/98/EC和2013/37/EU的修订，代表欧盟对公共部门信息领域的首次实质性干预及10年间重大更新，引入公共部门信息的监管框架，建立了默认重用原则，并确立了由公共资助研究产生的科研数据必须默认为开放访问的原则，有益于开放科学发展和数字技术的进步

续表

发布时间	生效时间	发布机构	文件名称 （中文名称、英文名称）	相关内容
2020年2月	2020年2月	欧盟委员会	《欧盟数据战略》 A European Strategy for Data	旨在使欧盟成为数据驱动社会的领导者。为数据创建一个单一市场将使其能够在欧盟内部和跨部门自由流动，以造福企业、研究人员和公共行政部门
2020年11月	2022年6月	欧盟委员会	《数字治理法案》 Regulation (EU) 2022/868 of the European Parliament and of the Council of 30 May 2022 on European data governance and amending Regulation (EU) 2018/1724 (Data Governance Act, DGA)	欧盟数据战略的第一个立法倡议，旨在创建一个促进数据共享的框架，覆盖公共机构、私营公司和公民的数据及行为。法案为健康、能源和农业领域推出的公共数据空间提供了新的治理结构，以中介服务的形式定义了数据市场交易规则，引入中立义务以使市场更为信赖
2020年12月		欧盟委员会	《欧洲议会和理事会关于数字服务单一市场的监管和修订指令2000/31/EC的提案》或《数字服务法》 Proposal for a REGULATION OF THE EUROPEAN PARLIAMENT AND OF THE COUNCIL on a Single Market For Digital Services and amending Directive 2000/31/EC (Digital Services Act, DSA)	作为一项拟议立法，旨在使有关在线非法内容、透明广告和虚假信息的电子商务指令现代化，总体目标：保护消费者及其在线基本权利，为在线平台建立透明的问责框架，在单一市场内促进创新、增长和竞争力。新立法要求搜索引擎、社交媒体和市场负责监管网站内容

5 工具书资源的数据保护

续表

发布时间	生效时间	发布机构	文件名称（中文名称、英文名称）	相关内容
2020年12月	2020年3月	欧盟委员会	《欧洲议会和理事会关于数字领域可竞争和公平市场的监提案》或《数字市场法》Proposal for a REGULATION OF THE EUROPEAN PARLIAMENT AND OF THE COUNCIL on contestable and fair markets in the digital sector (Digital Markets Act，DMA)	于2022年9月14日由欧洲议会和欧盟理事会主席签署实施，作为一项欧盟法规，为大型科技公司或数字中介平台建立一份义务清单，旨在通过防止其滥用市场力量并允许新的参与者进入市场，来确保欧洲数字市场的公平和竞争活力
2021年2月	预计2023年生效	欧盟理事会	《欧洲议会和理事会关于在电子通信中尊重私人生活和保护个人数据的条例以及废除指令2002/58/EC的提案》或《2021年电子隐私条例》Proposal for a REGULATION OF THE EUROPEAN PARLIAMENT AND OF THE COUNCIL concerning the respect for private life and the protection of personal data in electronic communications and repealing Directive 2002/58/EC (Privacy and Electronic Communication Regulation，PECR)	作为一项拟议法规，实施后是《一般数据保护条例》在电子通信隐私相关方面的具象化和补充法，强调用户同意是电子数据隐私的核心。为所有电子通信形式设定数据保护标准，具体规定涉及营销电话、电子邮件、短信和传真，cookie使用规则，通信服务安全，交通及位置数据、分项计费、目录列表等方面的用户隐私

169

续表

发布时间	生效时间	发布机构	文件名称（中文名称、英文名称）	相关内容
2022年2月	2022年2月	欧盟委员会	《欧洲议会和理事会关于公平访问和使用数据的统一规则的提案》或《数字法案》 Proposal for a REGULATION OF THE EUROPEAN PARLIAMENT AND OF THE COUNCIL on harmonised rules on fair access to and use of data (Data Act)	是欧盟数据战略的关键支柱，对欧洲数字十年的数字化转型目标有重要意义。作为《数据治理法》的补充，核心目标是让各类用户和提供者在数据访问方面处于更平等的地位，同时为各主体提供更多可供使用的数据，并就欧盟所有经济部门的使用权限、数据范围及使用目的都制定了规则

（1）以个人隐私保护为开始和重点

与美国更多看重数据自由流动带来的产业利益和经济活力不同，欧盟更注重数据自由流动和个人数据保护之间的平衡，并较早注意到内部传输和跨境流动带来的个人信息泄露风险。这种倾向有其历史渊源，近代政府管理和社会调查发展较早，为人口普查而收集公共数据的行动产生。这时期数据保护归属于人权保护的大主题，世界组织和各国政府重点关注个人信息、隐私泄露、数据采集等问题，将个人信息作为人格权的范畴进行保护。并且由于当时信息保存形式有限、信息传播速度较慢、数据规模通常较小，因此个人数据受侵犯的影响和危害也有限，通过人格权和财产权就可以得到维护或补偿。联合国大会于1948年12月10日颁布《世界人权宣言》，其中第12条规定"任何人的私生活、家庭、住宅和通信不得任意干涉，他的荣誉和名誉不得加以攻击。人人有权享受法律保护，以免受这种干涉或攻击"。这被视为个人隐私保护的立法起源。1950年11月4日，欧洲理事会签署第一个区域性国际人权条约《人权和基本自由欧洲公约》，即《欧洲人权公约》，又称《保护人权与基本自由公约》，其中第8条规定"任何人享有私人、家庭生活或及其住宅被尊重的权利",被认为是欧洲第一代个人信息保护法,为保护欧洲公民的个人隐私安全提供较高水平保障。

(2)从各成员国内部数据保护立法开始

欧盟的数据立法首先是各成员国的内部立法,造成各国法制水平及保护程度差异性较大。最早是德国黑森州于1970年通过的《个人资料保护法》成为全球首个关于数据保护的法律,为后来的《联邦数据保护法》(*Bundesdatenschutzgesetz*, BDSG)奠定重要的基础。瑞典政府于1973年颁布了世界上第一部国家级的数据保护法《瑞典数据法》;1977年德国颁布了《联邦数据保护法》,目的是保护个人权利不因个人信息处理而受损害,并提出了七项首要原则,即保留许可的禁止、即时性原则、优先适用特别法、比例原则、数据回避和数据经济原则、透明原则和专项拨款原则。此后,冰岛(1981年)、英国(1984年)、爱尔兰(1988年)、葡萄牙(1991年)、比利时(1992年)等相继颁布了本国的《数据保护法》(*Data Protection Act*),基本对获取数据类型、数据收集目的、数据使用权利等方面进行了规范,并涉及人隐私保护、数据保护专员、数据处理原则、相关利益人等问题。

(3)"统一立法"模式和数字单一市场战略

在各国个人信息保护法律建制中,欧盟也关注各成员国保护水平统一和欧盟整体法律系统建设,欧盟数据保护"统一立法"的理念由来已久。1980年,经济合作与发展组织(OECD)发布"关于保护隐私和个人数据跨境流动指导方案的建议",目的是在欧洲建立一个全面的个人数据保护整体系统,并提出知情、目的、同意、安全性、披露、访问和问责制共七项原则,但该建议不具有约束力。1981年,欧洲委员会为实施《欧洲人权公约》第8条,通过了《个人数据自动化处理中的个人保护公约》(即第108号公约),旨在保护个人隐私权,并考虑了进入自动化处理阶段的个人数据跨境流动的增加这一时代背景。此后欧盟委员会意识到成员国间并不统一的数据保护立法正在阻碍欧盟内部数据的自由流动,因此于1995年提出了《数据保护指令》,推动了各成员国于1998年年底制定针对本国公民和企业的数据保护立法,也造成了欧盟成员国间明显的法律差异和规则冲突,增加了欧盟个人信息保护法治建设的复杂性和执法成本。但该指令对于建立欧盟数据保护统一法律框架具有重要作用，为成员国制定和实施通用的数据保护法提供雏形。2012年1月25日，欧盟委员会公布"一般数据保护条例"立法提案，以期在欧盟范围内建立和实施统一的数据保护法，主要目的包括：统一27项国家数据保护法、改进欧盟以外的企业数据传输规则、改进用户对个人数据的控制，提案于2016年4月14日经欧洲议会通过并于2018年5月25日开始强制执行。

（4）数据流动和个人隐私保护的立法平衡理念

欧盟成员国的协调统一和内部市场可持续发展一直是欧盟数据安全、数据经济、数据空间、数据保护等主题的核心追求。1957年，欧盟创始成员国签署《欧洲联盟运作条约》（Treaty on the Functioning of the European Union，TFEU）。此后，欧共体12个国家于1991年联合签署《欧洲联盟条约》（The Treaty on European Union，TEU），又称《马斯特里赫特条约》（The Maastricht Treaty）。该条约包括欧盟的宗旨、民主原则、机构和治理框架，以及关于内部合作、外部行动和欧盟共同外交和安全政策的规定。《欧洲联盟运作条约》和《欧洲联盟条约》是现代欧盟中最重要的条约之一，共同构成了欧盟法律基础，同时规定了欧盟规章（EU Regulation）和欧盟指令（EU Directive）作为欧盟内部约束各成员国的主要方式。其中，欧盟规章在立法后立即成为各成员国法律的一部分，且必须无条件遵守；欧盟指令允许基于本国实际情况通过立法或修法的形式符合其宗旨和理念。❶随着数据驱动经济发展和跨境数据流动需求激增，欧盟意识到大数据时代对于高质量数据资产、专业人才培养及留存、网络基础设施普及、数据自由流动法律框架等方面的迫切要求以及存在的短板，因此开始推进建立欧盟数据公共空间和数字单一市场。如2015年发布的《数字单一市场战略》和2020年发布的《欧盟数字战略》等都通过法律法规、专家报告、政府投资等方式推进内部市场的数据自由流动和数字经济竞争。

---

❶ 肖燕珠，傅文奇. 欧盟《数字化单一市场版权指令》解读［J］. 图书馆论坛，2018，38（4）：126-131.

5.3.2 美国数字资源保护的法律演变进程及特征

与欧盟的数据保护综合性立法不同,美国在联邦和州等不同层级、宪法或财产法等各类成文法、通信和贸易等不同领域分类中设定保护规则,并区分一般数据通用保护和敏感信息的特殊保护。并且与欧洲强调欧盟整体的统一数据保护立法不同,美国更倾向于行业监管和领域自律作用的发挥,通过行业主要机构针对联邦法律实施提出的指导建议和行为准则来具体践行公正民主等原则。

表 5.3.2.1 梳理和列举了美国数据保护相关的政策文件及法律法规。

表 5.3.2.1 美国数据保护相关政策法规

发布时间	生效时间	发布机构	文件名称 (中文名称、英文名称)	相关内容
1966年4月	1967年5月	美国国会	《信息自由法》 *Freedom of Information Act*,FOIA	属于关于联邦政府信息公开化的行政法规,主要规定了民众在获得行政信息方面的权利和行政机关在提供行政信息方面的义务。法规是美国民众争取新闻出版自由斗争的重要成果之一,之后被多次修正
1970年5月	1970年10月	美国国会	《公平信用报告法》或《消费者信用保护法修正案》 *Fair Credit Reporting Act*,FCRA	是联邦政府为保障消费者报告机构文件中包含的消费者信息的准确性、公平性和隐私权而颁布的立法,旨在保护消费者免于在其信用报告中故意或疏忽地包含错误信息,对消费者信息的收集、传播和使用进行监管

续表

发布时间	生效时间	发布机构	文件名称（中文名称、英文名称）	相关内容
1974年5月	1974年12月	美国国会	《1974年隐私法》Privacy Act of 1974	建立了公平信息实践守则，用以管理收集、维护、使用和传播由联邦保存在记录系统中的个人信息。要求各机构通过在《联邦公报》上公布其记录系统并向公众发出通知，并为个人提供获取和修改其记录的方法
1975年1月	1976年9月	美国国会	《阳光政府法》Government in the Sunshine Act	为回应"水门事件"丑闻引起的要提高政府透明度和问责制的抗议而出台，主要职能是确保影响公众的相关联邦政府的决定是公开的且可供民众使用的，规定除了十项特定豁免，机构每次会议的每一部分都应向公众开放
1980年2月	1980年12月	美国国会	《文书消减法》Paperwork Reduction Act，PRA	一项管理联邦机构如何从公众处收集信息的法律，主要目标：管理公众对信息机构的要求，基于高质量数据做出决策，保护私人信息。在管理和预算办公室（OMB）内设立信息和监管事务办公室（OIRA）。1995年对其进行了重大修订，确定OIRA向公众提供信息的机构命令

续表

发布时间	生效时间	发布机构	文件名称 （中文名称、英文名称）	相关内容
1986年6月	1986年10月	美国国会	《电子通信隐私法》 Electronic Communications Privacy Act，ECPA	更新了1986年《联邦窃听法》，扩大了对政府电话窃听的限制，包括通过计算机传输电子数据，增加禁止访问存储的电子通信的新规定，并添加允许追踪电话通信的所谓陷阱条款。此后1994年、2000年、2006年、2008年法案对其进行了重大修订
1987年2月	1988年10月	美国国会	《计算机匹配和隐私保护法》 Computer Matching and Privacy Protection Act，CMPPA	要求联邦机构在披露用于计算机匹配程序的记录之前与其他机构或非联邦实体签订书面协议。指定此类协议中要处理的领域，包括匹配理由、通知要匹配记录的个人、匹配后保留和销毁数据的程序及禁止披露记录和汇编数据。且要求将每份协议的副本传送给指定的国会委员会，并根据要求提供给公众
1996年7月	1996年10月	美国国会	《电子信息自由法》 Electronic Freedom of Information Act，EFOIA	属于1966年《信息自由法》的一组联邦修正案，旨在更新数字时代下的《信息自由法》，要求行政机构将电子文件纳入《信息自由法》请求的范围内，并创建数字阅览室以便为公众提供对通常需求的机构文件的电子访问

续表

发布时间	生效时间	发布机构	文件名称（中文名称、英文名称）	相关内容
1996年8月	1996年3月	美国国会	《健康保险流通与责任法案》或《肯尼迪－卡斯鲍姆法案》 Health Insurance Portability and Accountability Act, the Kennedy-Kassebaum Act, HIPPA	该法案要求制定国家标准以保护敏感的患者健康信息在未经患者同意或不知情的情况下不被披露。美国卫生与公众服务部发布了该法案隐私规则以实施该法案的要求。该法案包含五章内容，使医疗保健信息保护更加现代化，解决了医疗保险覆盖范围的一些限制
1998年10月	2000年4月	美国国会	《儿童在线隐私保护法》 Children's Online Privacy Protection Act, COPPA	对网站和在线服务运营商提出具体要求以保护13岁以下儿童的隐私，具体规定包括：必须获得可验证的父母同意后才能收集、收集数据时发布隐私政策的内容、何时及如何寻求监护人可核实同意、网站运营商对儿童隐私安全的责任、包括对营销类型和方法的限制
1998年10月	2000年10月	美国国会	《千禧年数字版权法案》 Digital Millennium Copyright Act of 1998, DMCA	更新了美国版权法，将1996年WIPO版权条约纳入美国法律。旨在解决数字时代和新兴技术发展带来的版权问题，包括数字版权管理以及某些特权认定（安全港）、互联网服务提供商的权利责任；加大了对互联网侵权的处罚

续表

发布时间	生效时间	发布机构	文件名称（中文名称、英文名称）	相关内容
2002年3月	2002年12月	美国国会	《联邦信息安全管理法》 The Federal Information Security Management Act, FISMA	要求联邦机构实施一套强制性流程和系统控制，旨在确保系统相关信息的机密性、完整性和可用性。每个联邦机构的流程和系统控制必须遵循既定的联邦信息处理标准、国家标准和技术研究所标准以及与联邦信息系统有关的其他立法要求
2002年12月	2003年4月	美国国会	《电子政务法》 E-Government Act of 2002	旨在促进互联网和电子政务服务使用，通过在OMB设立联邦首席信息官来改进电子政务服务和管理流程，使联邦政府更加透明和负责，加强对政府信息访问，并推动服务方式符合有关个人隐私保护、国家安全、记录保留、残疾人访问权等相关法律规定
2007年1月	2007年9月	美国国会	《诚实领导和开放政府法案》 Honest Leadership and Open Government Act, HLOGA	修订了众议院和参议院道德规则以及联邦选举运动法案，加强了有关游说活动和资金的公开披露的要求，对国会议员及其工作人员的礼物施加更多限制，规定在支出中强制披露用途
2009年1月	2009年12月	OMB	《开放政府指令》 Open Government Directive	旨在指导行政部门和机构采取具体行动，实施总统备忘录中规定的透明度、参与和协作原则。具体包含四个原则：在线发布政府信息、提高政务信息质量、创建开放政府文化并使其制度化、为开放政府创建一个有利政策框架

续表

发布时间	生效时间	发布机构	文件名称（中文名称、英文名称）	相关内容
2012年3月	2012年3月	白宫办公厅	《大数据研发和发展计划》 Big Data Research and Development Initiative	旨在提高美国政府从庞大而复杂的数据集合中提取知识和建议的能力，具体目标包括：推进数据收集、存储、保存、管理、分析和共享的核心技术；利用技术加快科学和工程的发现步伐，加强国家安全，转变教学方式；扩大开发和使用大数据技术所需的劳动力
2016年5月	2016年5月	NITRD	《联邦大数据研发战略计划》 The Federal Big Data Research and Development Strategic Plan	借鉴了2021年的《大数据研发和发展计划》，确定了七项战略，涉及大数据先进技术、决策行动、基础设施、共享及管理政策、隐私安全、教育培训和创新生态系统，明确了联邦机构在制定或扩展大数据研发计划时可关注的关键领域
2017年3月	2019年1月	白宫办公厅	《开放、公开、电子化及必要的政府数据法》或《开放政府数据法案》 Open, Public, Electronic, and Necessary Government Data Act (OGDA), Open Government Data Act	要求所有联邦机构数据（包括研究数据）作为开放数据发布，并以标准化、机器可读的形式发布，每个机构应制定和维护全面的数据清单并指定一名首席数据官。在法律另行禁止的情况下，根据开放许可或全球共有领域专有权适当开放。同时要求机构与各类机构合作，以探索利用公共数据资产的机会，提供公共和私营部门依法合规创新的新机遇

续表

发布时间	生效时间	发布机构	文件名称（中文名称、英文名称）	相关内容
2018年1月	2018年6月	加利福尼亚州立法机构	《加利福尼亚州消费者隐私法案》 California Consumer Privacy Act，CCPA	属于一项旨在加强加利福尼亚州居民隐私权和消费者保护的州法规，使消费者能够更好地控制企业收集的相关个人信息，具体赋予加利福尼亚州居民知情权、选择退出销售权、访问权、删除权、不被歧视的权利。要求企业必须向消费者发出通知说明其隐私惯例
2019年6月	2021年1月	美国国会	《保护个人健康数据法》 Protecting Personal Health Data Act	明确卫生与公众服务部门规范以下消费品设备、服务、应用程序和软件。一是主要为消费者设计或面向消费者销售；二是主要收集、使用个人健康资料；三是并非主要为医疗保健计划、提供者或票据交换所等实体的使用而设计。该法案还建立了一个健康数据保护国家工作组
2019年11月	审议中	美国国会	《2019国家安全与个人数据保护法案》 National Security and Personal Data Protection Act of 2019，NSPDPA	禁止向威胁美国国家安全的外国传输数据或在其内部存储数据。该法案要求国务院指定任何在数据隐私和安全要求方面对美国国家安全构成重大风险的国家为关注国，对于受有关国家管辖并在洲际或对外贸易中经营的网站或互联网应用程序的技术公司进行限制

续表

发布时间	生效时间	发布机构	文件名称（中文名称、英文名称）	相关内容
2019年12月	2019年12月	白宫公共与管理预算办公室	《联邦数据战略和2020年行动计划》 Federal Data Strategy，FDS	旨在通过指导联邦政府实践道德治理、有意识地设计和学习文化3个指导原则，充分利用联邦数据的价值，为使命、服务和公共利益服务。内容包括使命宣言、原则、实践和年度行动计划四个组成部分以指导联邦数据管理和使用
2020年11月	2023年1月	加利福尼亚州立法机构	《2020年加利福尼亚州隐私权法》 California Privacy Rights Act，CPRA	属于一项修改和苦战《加利福尼亚州消费者隐私法案》的投票倡议，包括2020年11月通过的针对消费者的额外隐私保护。允许消费者阻止企业共享其个人数据，更正不准确的个人数据，并限制企业对"敏感个人信息"的使用。同时要求企业在收集数据前获得16岁以下消费者的许可，并在从13岁以下的消费者那里收集数据前获得父母或监护人的许可
2021年4月	2021年4月	建立全球跨境隐私规则论坛	《全球跨境隐私规则宣言》 The Global Cross-Border Privacy Rules，CBPR	目标包括：建立基于APEC跨境隐私规则（CBPR）和处理器隐私识别（PRP）系统的国际认证体系；支持数据的自由流动以及有效的数据保护和隐私；提供信息交流与合作的论坛；定期审查成员的数据保护和隐私标准，确保全球CBPR和PRP计划要求符合最佳实践；促进与其他数据保护和隐私框架的互操作性

续表

发布时间	生效时间	发布机构	文件名称（中文名称、英文名称）	相关内容
2022年6月	审议中	美国国会	《美国数据隐私和保护法》American Data Privacy and Protection Act，ADPPA	要求大多数公司将个人数据的收集、处理和传输限制在提供所要求的产品或服务以及其他特定情况下合理必要的范围内，禁止公司在未经个人明确同意的情况下转移个人数据。法案规定消费者拥有数据访问、更正和删除的权利，个人有权选择推出有针对性的广告，并对17岁以下个人的数据提供额外保护，进一步禁止公司基于个人数据进行歧视

（1）个人隐私保护和政府数据公开

美国数据保护和数据治理以"民主自由"的治国理念为核心，重视社会赋予个人的权利和对政府权力职责的限制，保持对联邦政府数据的信任是民主进程的关键，因此早在2000年前就在联邦层面围绕政务信息管理、个人隐私保护、公共数据公开、信息安全等主题颁布了一系列法律法规和行政命令。1967年7月5日生效的《信息自由法》(Freedom of Information Act，FOIA)❶，赋予公众要求访问任何联邦机构记录的权利，拉开了公民获取信息权利和个人隐私保护的序幕。1974年12月31日颁布的《隐私法》(Privacy Act of 1974)❷，主要针对由联邦机构保存在记录系统中的个人信息，旨在规范和限制政府收集、维护、使用和传播的权利。此后，各项法律法规陆续出台，如1976年9月13日通过的《阳光政府法》(Government

---

❶ Office of Information Policy. Freedom of Information Act Statute [EB/OL]. [2022-05-15]. https://www.foia.gov/foia-statute.html.

❷ Office of Privacy and Civil Liberties. Privacy Act of 1974 [EB/OL]. (2021-04-30) [2022-05-15]. https://www.justice.gov/opcl/privacy-act-1974.

in the Sunshine Act），1980年12月11日颁布的《文书消减法》(Paperwork Reduction Act),1986年10月21日签署生效的《电子通讯隐私法》(Electronic Communications Privacy Act，ECPA），1996年7月12日颁布的《电子信息自由法》(Electronic Freedom of Information Act)，1988年9月20日通过的《计算机比对和隐私保护法》(Computer matching and Privacy Protection Act)，2002年12月17日生效的《电子政务法》(E-Government Act)❶，同时发布的《联邦信息安全管理法》(The Federal Information Security Management Act，FISMA)，2007年12月31日颁布的《开放政府法案》(Open Government Act)等。美国政府数据开放的政策体系和法律框架日趋成熟，并设立了多元主体以强化隐私保护及数据安全的责任，强化政府机构数据收集审查和公开信息透明度，提升联邦政府数据管理的效率和安全性。

（2）多层级和类型的分散立法模式

美国在联邦层面并没有类似欧盟《一般数据保护条例》有关数据保护的统一的基本立法，而是针对联邦及各州、不同行业领域、各类法律类型等设立了多种数据保护立法。如在联邦《信息自由法》颁布后，美国50个州也都陆续制定了管理州和地方的信息自由法，但各州法律差异性较大且对信息自由有不同程度的规定，如1968年8月29日颁布的《加利福尼亚公共记录法》(California Public Records Act)，1972年通过的《华盛顿公共记录法》(Washington Public Records Act)，1973年通过的《密苏里州阳光法案》(Missouri Sunshine Law),1983年6月28日通过的《伊利诺伊州信息自由法》，《田纳西州公开记录法》(Tennessee Open Records Act)和《得克萨斯州公共信息法》(Texas Public Information Act)等。

除了在管理层级上区分，美国联邦对通信、金融、贸易、健康、教育等众多领域都设立了数据保护法。例如，1978年11月10日颁布了《财务隐私权法》(The Right to Financial Privacy Act); 1986年10月21日签署生效《电子通讯隐私法》(Electronic Communications Privacy Act，ECPA); 1996

---

❶ Office of Privacy and Civil Liberties. E-Government Act of 2002 [EB/OL]. （2019-02-13）[2022-05-15]. https://www.justice.gov/opcl/e-government-act-2002.

年8月21日颁布《健康保险流通与责任法案》(Health Insurance Portability and Accountability Act, HIPAA), 规定了医疗保健和医疗保险行业个人敏感信息的数据保护; 1998年国会通过了《儿童在线隐私保护法》(Children's Online Privacy Protection Act, COPPA), 保护儿童个人信息免受商业网站侵犯; 1999年推出《金融服务现代化法案》(Financial Services Modernization Act), 又称《格雷姆-里奇-比利雷法案》, 规定了金融消费者对个人金融数据的控制权; 2019年6月13日通过了《保护个人健康数据法》(Protecting Personal Health Data Act); 2020年发布《应用程序隐私、保护和安全法》(Application Privacy, Protection, and Security Act)等。

（3）数字战略部署和鼓励数据自由流动

进入21世纪信息时代后，美国作为数字技术研发与产品服务应用的策源地一直居于全球领先地位，同时不断发布数字转型相关的法律法规、计划措施和政府报告等，为激发数据自由流动的经济利益、提高国家各方面数据解决方案的效率等消除了制度障碍。同时，通过稳定迭代和动态完善的政策计划，不断适应国家立法制度要求、满足利益相关者及用户需求、符合新兴技术发展及演变的轨迹。如2009年12月8日签署的《开放政府指令》（Open Government Directive），明确政府数据开放的透明、参与、协作的三原则，并建立统一的政府数据开放门户网站。此后，2012年3月19日发布的《大数据研发和发展计划》（Big Data Research and Development Initiative）[1]指出，要提高从庞大且复杂数据集合中提取知识和见解的能力，帮助加快科学和工程领域发展步伐，加强美国国家安全。2013年11月12日，白宫发布"数据-知识-行动"（Data to Knowledge to Action）计划，代表18个联邦机构的信息技术组合及大数据利益相关者开展合作，对于公共和私营部门间的合作领域提出倡议。2014年5月1日，美国总统办公室提交了名为《大数据：把握

---

[1] Office of Science and Technology Policy. Big Data is a Big Deal [EB/OL]. (2012-03-19) [2022-05-15]. https://obamawhitehouse.archives.gov/blog/2012/03/29/big-data-big-deal.

机遇，维护价值》(Big Data: Seizing Opportunities, Preserving Values) ❶的政策报告，强调政府部门和私人部门开展数据开放共享的意义，利用大数据最大限度地获取利益和降低风险，增强政府的问责性，保护隐私和公民权利。2016年5月19日颁布的《联邦大数据研发战略计划》(The Federal Big Data Research and Development Strategic Plan) ❷提出新兴技术、数据质量、基础设施、隐私安全、人才培养和加强合作六大战略，旨在建成有活力的国家大数据创新生态系统。2016年美国参议院通过《开放政府数据法案》(Open Government Data Act)提案；并在2018年12月22日，美国国会两院通过了《开放、公开、电子化及必要的政府数据法》(the Open, Public, Electronic, and Nececssary Government Data Act, OGDA)，法案将政府数据开放的基本原则正式编入美国法典，并定义了数据资产的准入特征：机器可读、开放形式提供、数据披露及使用不受限于知识产权以外的限制、符合标准组织维护的开放标准。

5.3.3 中国数字资源保护的法律演变进程及特征

中国的数据立法起源较晚且保护框架尚未完善，数据知识产权保护和数据安全保护多以欧盟和美国等较成熟的法律为依托，在概念解释、主体权利、保护举措等方面多有借鉴和再发展，寻求数据保护立法的国际化接轨。同时与欧盟和美国的数据保护力度和数据流通自由度相比，我国数据立法更注重信息安全风险防范、个人信息保护和国家安全维护、国家统筹下的数字经济发展模式。通过立法实现以信息安全为前提的市场化探索，平衡数据开放需求和数据主权维护，基于我国国情去探索符合我国国情的数据保护

---

❶ Executive Office of the President. Big Data: Seizing Opportunities, Preserving Values [EB/OL]. (2014-05-01) [2022-05-15]. https://obamawhitehouse.archives.gov/sites/default/files/docs/big_data_privacy_report_may_1_2014.pdf.

❷ Executive Office of the President. The Federal Big Data Research and Development Strategic Plan [EB/OL]. (2014-05-01) [2022-05-15]. https://www.nitrd.gov/pubs/bigdatardstrategicplan.pdf.

模式。

（1）以信息安全风险防范为立法思路

互联网的普及和数字技术发展，改变了数据处理速度和数据产生规模，我国个人信息泄露和侵权案件频发；同时数据作为市场资源要素的潜在价值不断凸显，互联网服务提供商间的数据竞争和数据交易愈演愈烈，市场监管体制受到挑战；数据资源的知识挖掘、决策支持等应用的普及，也造成社会对数据主义、数据异化、数据权力、数据依赖、数据失真等数据伦理问题的关注。基于以上现实背景的问题挑战和迫切要求，以及国际各国数据立法的先进经验，我国在推动数字经济转型的同时开始探索数据保护的立法模式和监管路径。目前数据保护立法主要是从信息安全风险防范的角度出发进行考量，个人信息安全和权利、网络诈骗及信息披露、数据跨境流通及国家安全等成为首要关注的问题。

《中华人民共和国宪法》（2018修正）从最高层面明确规定了公民人身自由、人格尊严、住宅不受侵犯，通信自由和通信秘密受法律的保护。2015年7月1日开始实施的《中华人民共和国国家安全法》将数据安全提升到国家安全的高度，第25条指出"国家建设网络与信息安全保障体系，提升网络与信息安全保护能力，加强网络和信息技术的创新研究和开发应用，实现网络和信息核心技术、关键基础设施和重要领域信息系统及数据的安全可控"。2017年6月1日起施行的《中华人民共和国网络安全法》（以下简称《网络安全法》）将数据安全和个人信息安全纳入网络安全的组成范畴，为网络安全等级保护制度、关键信息基础设施保护制度、数据本地化和数据跨境流动等提供重要支撑。2018年出台《信息安全技术个人信息安全规范》的配套文件，2019年发布《数据安全管理办法（征求意见稿）》和《个人信息出境安全评估办法（征求意见稿）》等《网络安全法》的相关配套文件，以完善个人信息安全保护。2021年1月1日起施行的修订后的《民法典》对隐私保护、个人信息保护、数据保护也进行了区分和阐释，为民事层面数据保护提供法律依据。2021年9月1日开始实施的《关键信息基础设施安全保护条例》，针对国家重要数据和数据跨境流动的安全问题进行规范。同时期开始实施的《数据安全法》作为我国核心的正式数据立法,创新性地确立了数据分级保护制度、数据安全应急处置机制、数据安全审查制度,并对数据主体权利、数据处理者义务、政务数据公开利用、数据跨境管理等安全问题提供一系列指导。2021年11月1日开始实施的《个人信息保护法》则全面且系统地构建了我国个人信息安全保护机制。根据以上调研可知,我国的数据安全立法正在快速推进、数据保护的立法框架正逐步完善,且仍以保障公民数据权利、维护国家数据主权、稳定数字经济监管为核心宗旨。

（2）平衡数据流动和数据主权维护

全球化趋势下产业分工和资源配置是必然趋势,数据作为重要资源进入市场配置必然促使数据跨境流动、数据定价及交易、数据开放共享成为迫切需求。我国面对数据权利保护和数字经济发展的平衡关系这个核心问题,坚持在数据安全和数据主权前提下,保持市场开放并积极参与国际合作,通过加强信息基础设施建设和数据市场监管制度来促进数据安全、有序、公平、合法的利用,发挥数据要素的经济价值和社会价值。针对美国和欧盟等数据立法的"长臂管辖"政策,我国在《网络安全法》和《数据安全法》等法律中强化域外效力制度和跨境数据流通监管制度,以应对企业跨境业务增加和跨境数据侵权案件增加的情况。

国家知识产权局在2021年中国知识产权发展状况新闻发布会上提出了有关数据知识产权保护的初步的方案和原则。对于数据知识产权保护有四项基本原则：①坚持安全为先、发展为要,充分考虑数据的安全、公共利益的保障和个人信息的保护;②要充分把握数据的特有属性和产权制度的发展规律,实现数据保护模式与数据资源特性的高度契合,数据产权保护和数据有效利用的有机统一;③要充分尊重数据处理者的创造性劳动和资本投入,承认和保护数据处理者的合理收益;④要有利于数据的流动和交易,能够促进繁荣数据市场,壮大数字产业,促进产业数字化转型,支撑经济高质量发展。目前,国家知识产权局已经在浙江、上海、深圳等地开展了数据知识产权保护试点,力争在立法、存证登记等方面取得可复制可推广的经验做法,为后续制度设计提供实践基础。其中,浙江省已经建立了数据知识产权公共存证平台，并开始面向市场主体提供存证服务。下一步，国家知识产权局将继续加强与各方的合作，加大理论研究和实践探索，加快推动我国数据产权保护制度的建立和完善。

附录

建议进行长期保存的工具书资源候选列表（按优先级排序）

类别	序号	学科	国家	出版者/版权方	产品名称	内容简介	开放使用情况
综合性工具书数据库	1	综合	中国	中国学术期刊（光盘版）电子杂志社网络出版、同方知网（北京）技术有限公司研制发行	中国工具书网络出版总库	全球最大的中文工具书在线检索平台，汇集300多家出版社的9000余部工具书，含2000余万词条，100余万张图片。内容结构包括语文分库、专业分库和百科分库三个大类	网站可以登录免费搜索和浏览，但如下载期刊文章等需订购会员卡
	2	工程学和应用科学	荷兰	爱思唯尔出版公司（Elsevier）	Knovel工具书数据库	将工程学和应用科学工具书结合与分析检索工具书，面向从事应用研究的科学家和高级工程师，被400多家学术机构长期使用	机构订阅，IP控制访问
	3	综合	英国	牛津大学出版社	牛津电子参考工具书（Oxford Reference）	全球领先的在线参考产品，涵盖25个不同学科领域，汇集牛津大学出版社的牛津词典、牛津指南和牛津百科全书中的200万个数字化条目	机构订阅，账号或IP控制访问

188

附录　建议进行长期保存的工具书资源候选列表（按优先级排序）

续表

类别	序号	学科	国家	出版者/版权方	产品名称	内容简介	开放使用情况
综合性工具书数据库	4	综合	英国	英国 Credo Reference Limited 出版社	CREDO 全球工具书大全	CREDO 全球工具书大全共收录全球 104 家著名出版社的 524 种实用工具书，共计 300 多万个词条，212 多万篇全文文章，1亿个链接，20 万个有声文件，20 万张图片	免费访问
字典/辞典类工具书	1	综合	英国	牛津大学出版社	牛津在线英语大辞典	世界公认的最权威最全面的英语辞典，记录了超过 60 万英语单词自公元 1050 年至今的发展沿革和 250 万各种来源的引文	2021 年 3 月 31 日前 90 英镑（通常 215 英镑）或 90 美元（通常 295 美元）优惠提供年度个人订阅。机构按年订阅
	2	化学	英国	泰勒－弗朗西斯出版集团（Taylor & Francis Group）旗下 CRC 出版社	CHEMnet-BASE 联合化学词典	最广为人知和最广泛认可的化学参考书，由 11 个互动式资料库与词典集合而成，研究人员可使用多种条件执行详尽搜索，使用者可自定义表格及选择所需的格式输出资料，包括约 20 000 种最常用的和被人所熟知的化合物	网站免费访问，详细信息和所有功能需用户订阅一个或所有资料库与词典

189

续表

类别	序号	学科	国家	出版者/版权方	产品名称	内容简介	开放使用情况
字典/辞典类工具书	3	综合	中国	商务印书馆	商务印书馆·精品工具书数据库	集成商务印书馆出版的100余种现代精品中外文工具书，涵盖21个语种，总字数3.5亿余字，词目360余万条，200万知识项，10G数据量；词目音频65 000个，汉字笔顺Flash2500个，实用知识附录32种	免费访问
	4	综合	中国	网易有道信息技术有限公司	网易有道词典	全球首款基于搜索引擎技术的全能免费语言翻译软件，依托网络释义技术，为全年龄段学习人群提供优质顺畅的查词翻译服务。查词，取词和划词支持8种语言，翻译部分支持41种语言与汉语互译	网页免费访问，App免费下载，可订购VIP版本
	5	综合	中国	商务印书馆	现代汉语词典	全貌呈现《现代汉语词典》（第7版）内容，依据多种经典辞书开发同义词，反义词，同义词辨析（10 000多组），汉字动态标准笔顺（3500字），字级等增值服务，由中央广播电视总台《新闻联播》原主播李瑞英制作全词典69 000个字词的标准普通话音频	App每天免费查找两个词语，如需要查找更多，使用主要功能，需付费98元

附录 建议进行长期保存的工具书资源候选列表（按优先级排序）

续表

类别	序号	学科	国家	出版者/版权方	产品名称	内容简介	开放使用情况
百科全书	1	综合	中国	中国大百科全书出版社	中国大百科全书	中国当代最大的出版工程和最全面广泛的文化基础性工程。覆盖教育部学科目录所有13个学科门类，111个一级学科。参与编纂的各领域专家学者达3万余人，其中两院院士300余人，学部委员30余人	免费访问
	2	综合	法国	法国拉鲁斯出版社	拉鲁斯百科全书（Larousse Encyclopedie）	突出法国历史、社会等情况的介绍，提供将近8000名专家撰写的8000篇文章，包含人类文明主要领域的一般概念、文化个性、地理位置、事件、时期等完整而准确的表述	免费访问，无须登录即可搜索和浏览，但独家内容和部分功能需创建账户并购买资源
	3	综合	英国	泰勒－弗朗西斯出版集团（Taylor & Francis Group）	Routledge 哲学百科全书	拥有超过2700余篇文章，编辑团队由30多个学科的专家组成，确保内容高水平和一致性，被誉为业界权威资源。共计2054条款目，每条款目500~1900字，按字母排列编成9册，第10册为索引	注册用户才能访问本网站的某些区域

续表

类别	序号	学科	国家	出版者/版权方	产品名称	内容简介	开放使用情况
	4	药学	美国	The Drugsite Trust 私营信托公司（The Drugsite Trust 由两位新西兰的药剂师管理和经营。网站托管在美国弗吉尼亚州一个数据库中心）	在线医药百科全书（Drugs.com）	是目前最受欢迎、最大和最新的独立医学药物信息网站，目的是帮助消费者减少用药失误，使具备更专业的知识来管理自我医疗保健并提高消费者安全性。可免费访问超过24 000种美国食品药品监督管理局（FDA）批准的处方药和非处方药的综合目录和信息存储库	免费访问
百科全书	5	综合	美国	美国大英百科全书公司	不列颠百科全书（大英百科全书）	英语百科全书中历史最长、篇幅最大、最知名且最权威的百科全书。所有条目均由世界著名学者、各个领域的专家撰写，学术性和权威性为世界公认。收录检索词条达100 000多条、24 000多幅图例、2600多幅地图、1400多段多媒体动画音像、超120 000个优秀的网络链接	广告支持；来自个人和家庭订阅、机构订阅。订阅费用每年74.95美元

附录　建议进行长期保存的工具书资源候选列表（按优先级排序）

续表

类别	序号	学科	国家	出版者/版权方	产品名称	内容简介	开放使用情况
百科全书	6	综合	美国	UGC模式，维基媒体基金会运营。内容采用开放版权形式，用户遵守"知识共享署名、相同方式共享协议"，某一词条版权并非由某一人单独所有，而由词条所有编辑者共享	维基百科（Wikipedia）	以自由内容和自由编辑为特色的百科全书项目，目前是全球最大且最受欢迎的参考工具书网站，拥有300多种语言翻译的超过5100万篇文章。大部分文章都允许任何一位互联网用户在遵守其方针指引下对条目进行浏览、创建、评议、更改、置换知识库、互相尊重和不声称权威性的环境。5大根本性政策包括：百科性、中立的态度、开放的	完全开放。采用GNU公共许可证，任何人都可自由使用其中内容
	7	综合	美国	发文作者享有著作权，斯坦福大学出版	斯坦福哲学百科全书	截至2018年3月，已有近1600个条目，每个条目都由该领域专家或专家组维护和更新，所有条目编辑和内容更新都必须在发布前由编辑委员会审核，因此保持较高学术水准	免费访问
	8	哲学	—	版权归互联网哲学百科全书及其作者所有	互联网百科全书（Internet Encyclopedia of Philosophy）	以开放的方式提供有关哲学各个领域的重要主题和哲学家详细的、学术性、同行评审的信息。每月有超过100万的访问者，每年的访问量约为2000万人次	免费访问

193

续表

类别	序号	学科	国家	出版者/版权方	产品名称	内容简介	开放使用情况
年鉴（Yearbook）	1	经济金融	美国（总部）	世界银行（WORLD BANK）	世界银行开放数据库（World Bank Open Data）年鉴	将世界银行各种数据库向所有用户敞开，收录世界银行数据库的7000多个指标，用户可按国家、指标、专题和数据目录进行浏览，其中数百个数据可上溯50年	免费访问和批量下载数据，用户使用权限限制很小
	2	综合	英国	泰勒-弗朗西斯出版集团（Taylor & Francis Group）	Europa 世界年鉴（Europa World Plus）（增强版）	整合《Europa 世界年鉴》和《Europa 世界区域调查》全部内容，提供区域、次区域和国家或地区级的深入、专业分析，包括数千个具有联系方式的目录详细信息及可单击的Web链接，全面列出2000多国际组织	订阅
	3	经济金融	美国（总部）	国际货币基金组织（IMF）	IMF国际货币基金组织数据库（International Monetary Fund E-library）	数据库包括：《世界经济展望报告》《全球金融稳定报告》《地区经济展望》《IMF国家数据库》《IMF研究手稿》等内容	免费访问（某些功能要求用户创建个人账户）

194

附录　建议进行长期保存的工具书资源候选列表（按优先级排序）

续表

类别	序号	学科	国家	出版者/版权方	产品名称	内容简介	开放使用情况
年鉴（Yearbook）	4	经济金融	法国（总部）	经济合作与发展组织（OECD）	OECD iLibrary 经济合作发展组织在线图书馆	包含 115 940 个电子书标题、83 645 个章节、250 910 个图表、2430 篇文章，跨 44 个数据库的 70 亿个数据点。有 22 个在线统计数据库，数据来自 30 个成员国、非成员国家及国际能源组织的数据资料	免费访问
	5	综合	美国（总部）	联合国	联合国图书馆（UN iLibrary）	收录来自 40 多个联合国部门和机构的 8235 本电子书、8010 篇文章、415 套系列丛书和 3 个数据库的内容	免费访问
	6	经济金融	中国	中国知网	CNKI 中国经济社会大数据研究平台（CSYD）	CNKI 统计大数据碎片化抽取与分析的应用产品，集统计数据资源整合、多维度统计指标快捷检索、数据深度挖掘分析、决策支持和个人数据管理等功能于一体的汇集中国国民经济与社会发展的大型统计资料数据库	免费访问

195

续表

类别	序号	学科	国家	出版者/版权方	产品名称	内容简介	开放使用情况
年鉴（Yearbook）	7	经济金融	中国	万得信息技术股份有限公司（Wind）	Wind经济数据库	整合海量全球宏观和行业统计数据，具备强大的反映、准确地查找、分析数据和图像功能，支持从Excel中动态提取数据，是经济学家、策略分析师、行业研究员必备的数据库系统	订阅
	8	综合	中国	北京方正阿帕比技术有限公司	方正中华数字书苑年鉴	收录400万册书目信息，250万册可供全文阅读的电子图书，700多种报纸，2000多种工具书，2000多种年鉴及30多万张艺术图片	订阅
手册（Handbook）	1	化学物理	英国	Taylor & Francis 旗下 Routledge 出版社	CRC物理化学手册（Handbook of Chemistry and Physics Online）	是当今最广为人知和最广泛认可的化学参考书，提供最为准确、可靠和最新化学物理数据资源，19个章节包含20 000种常用化合物，一直是世界化学家、物理学家和工程师们必备的工具书	订购
	2	经济金融	美国（总部）	世界银行（WORLD BANK）	世界银行（World Bank）手册	OKR包含世界银行大部分出版物、报告、论文等资源，涵盖来自11个馆藏的31 329个出版物，提供123种手册、资料手册和培训手册	免费访问和批量下载数据，用户使用权限限制很少

附录　建议进行长期保存的工具书资源候选列表（按优先级排序）

续表

类别	序号	学科	国家	出版者/版权方	产品名称	内容简介	开放使用情况
手册（Handbook）	3	经济金融	美国（总部）	国际货币基金组织（IMF）	国际货币基金组织数据库手册和指南（Manuals and Guides）	IMF经济政策、信息标准和方针，包括统计汇编指南、财政透明手册、公共债务管理及通用数据手册	免费访问和下载
	4	综合	英国	Taylor & Francis 旗下 CRC Press	Routledge 在线手册（Routledge Handbooks Online）	对Routledge和CRC出版社在人文、社会科学、教育、心理、工程和建筑环境的经典和最新研究方面提供最前沿概述，包括18个学科领域300余本手册，超15 000章，每本手册均由学科专家编辑，并经同行评审，为整个学科领域或分支学科提供权威综述	免费访问
	5	生物学	美国	Wiley	实验室指南（Wiley Current Protocols）	一直都是顶级的实验室指南参考资源，包括24 000多个分步技术、程序和实践概述，强调精心策划、高度编辑的方法，丰富细节，实用建议和故障排除	免费访问

197

续表

类别	序号	学科	国家	出版者/版权方	产品名称	内容简介	开放使用情况
手册（Handbook）	6	材料、化学、工程、生物医药	德国	施普林格·自然集团（Springer Nature）	Springer Materials 数据库	以科学与技术数值数据和函数关系为基础，是全球最大的材料科学领域理化性质数值型数据库，内容涵盖13个主题领域。已成为一套以基础科学为主、系列出版的大型数值与事实型工具书	IP地址控制访问权限
	7		德国	施普林格·自然集团（Springer Nature）	Springer Protocols 实验室指南数据库	全球最大的经同行评议的在线生命科学实验指南库，主要面向生物化学、分子生物学及生物医学等学科，提供详细、精确的实验操作记录，并可在实验室再现的"配方"或"方法"	IP地址控制访问权限
	8	医学	美国	PDR 及其供应商	美国医师桌上参考手册（Physician's Desk Reference）	美国著名的医师参考使用手册，收录超2800种FDA核准的处方药及250多家药厂相关报导。美国有750 000册的发行量，医药界最权威的工具参考书，美国90%医生会参考此书进行诊疗和使用药物	免费访问

附录　建议进行长期保存的工具书资源候选列表（按优先级排序）

续表

类别	序号	学科	国家	出版者/版权方	产品名称	内容简介	开放使用情况
手册（Handbook）	9	化学	英国	英国皇家化学学会	ChemSpider	以化学家为中心社群，以化学结构式为基础的资源量最丰富的单一化学信息在线资源，提供数百种数据资源中6700万种结构式快速文本和结构检索	免费使用，无须注册
	10	化学	荷兰	爱思唯尔出版公司（Elsevier）	Reaxys数据库	包含超过5亿条经过实验验证的物质信息，收录超过1.05亿种化合物，4500万种单步和多步反应，5300万条文摘记录。涵盖全球7大专利局和16 000种期刊16个学科中与化合物性质检测、鉴定和合成方法相关的所有信息	订阅
	11	综合	英国	牛津大学出版社	牛津手册在线数据库（Oxford Handbooks Online，OHO）	全球最值得信赖的学术研究评估资源，囊括17个学科领域的10 000多手册，涉及38 000多位作者和98 000多篇文章，主编由学科专家组成的编委会确保内容的准确性、权威性和客观性	账号或IP控制访问

199

续表

类别	序号	学科	国家	出版者/版权方	产品名称	内容简介	开放使用情况
手册（Handbook）	12	综合	英国	剑桥大学出版社	剑桥手册在线版（Cambridge Handbooks Online，CHO）	提供语言研究、法律和心理学研究领域主要子学科的完整领域概况，涵盖124本手册图书资源，支持5575个图书手册章节搜索	订阅
名录（directories）	1	名录	英国	泰勒－弗朗西斯出版集团（Taylor & Francis Group）	学术世界（The Europa World of Learning）	含36 000个条目的完整目录详细信息，14 000所大学和学院、4000个图书馆和档案馆、5000个学识学会、6500个研究机构及4900个博物馆和美术馆，覆盖全球超225个国家地区，包含600个国际组织	年度订阅
	2	名录	英国	泰勒－弗朗西斯出版集团（Taylor & Francis Group）	世界名人录（World Who's Who）	一份必备的在线人物传记参考工具书，荟萃60 000多位最具影响力的名人、政治家、慈善家、运动明星、音乐家、科学家等的详细介绍	年度订阅

附录　建议进行长期保存的工具书资源候选列表（按优先级排序）

续表

类别	序号	学科	国家	出版者/版权方	产品名称	内容简介	开放使用情况
名录 (directories)	3	药学	英国（总部）	欧洲药品管理局（EMA）	欧盟成员国国家药品注册清单	以促进药品评估和监管方面的科学性和有效性，造福人类和动物健康为使命，包括促进药物开发和获取，评估营销许可申请，在整个生命周期中监控药物安全性，向医疗保健人员和患者提供信息	免费访问
	4	名录	美国	美国 Cengage Learning Gale 公司	人物传记资源中心（Gale Biography in Context）	包括全球52.5万人物的64多万个传记条目，4800多个当代或历史人物的信息，介绍各个学科、领域、不同国家、种族的著名人士的传记资料，涵盖文学、历史、政治、商业、娱乐、体育和艺术等领域的知名人物和重要事件	IP控制，用户名密码控制，并发数控制

201